Respuestas
a Preguntas
de pastores

HOWARD F. SUGDEN • WARREN W. WIERSBE

Respuestas a Preguntas

a

de pastores

PATMOS

© 2006 por SCRIPTEX, INC., WARREN W. WIERSBE, President

Publicado por Editorial Patmos
Miami, Florida, E.E.U.U.

Publicado originalmente en inglés con el titulo *Pastors' FAQs*

Todos los derechos reservados.

Citas bíblicas han sido tomadas de la versión Reina-Valera 1960 con el permiso correspondiente de Sociedades Bíblicas Unidas.

Traducción: Kerstin Anderas-Lundquist
Diseño de cubierta: CPAD Graphics

ISBN: 1-58802-338-9
Categoría: Ministerio pastoral

Impreso en Brasil
Primera impresión

ÍNDICE

PREFACIO

Dios nos ha llamado a ser pastores y a predicar su Palabra, y francamente, lo hacemos con gran gozo. Phillips Brooks lo ha dicho perfectamente: "Regocijémonos unos con otros porque en este mundo, donde hay muchas cosas buenas y disfrutables que los seres humanos pueden realizar, Dios nos ha dado lo mejor y más satisfactorio, nos ha hecho predicadores de su verdad."

Hemos tenido el privilegio de pastorear iglesias pequeñas e iglesias grandes. Al presente, ambos servimos en iglesias metropolitanas. También hemos tenido el privilegio de ministrar en varias conferencias a lo largo y ancho de nuestra patria. Nos ha sido muy significante las conferencias para pastores, puesto que nos encontramos con nuestros hermanos en el ministerio y compartimos las cargas. A menudo hemos dirigido sesiones de preguntas en que hemos tratado de animar a los hermanos con consejos de la Palabra y de nuestra propia experiencia.

Las preguntas y respuestas en este libro han surgido de estos seminarios. Muchas veces se nos sugirieron que publicáramos las respuestas a las preguntas más frecuentes, lo cual explica la publicación del libro que usted tiene en sus manos. Las preguntas tienen que ver principalmente con el pastor y su trabajo en la iglesia. Este no es un libro acerca de problemas teológicos ni de preguntas bíblicas.

No esperamos que cada pastor esté de acuerdo con cada respuesta que damos. Pero confiamos que nuestros hermanos considerarán sinceramente cada pregunta y pedirán la dirección de Dios. No llenamos este libro con ejemplos de casos vistos en nuestros ministerios. Los pastores son gente ocupada que aprecia que se vaya al grano. Sin duda, cada pastor puede escribir sus propias ilustraciones tomadas de su experiencia.

Sin embargo, tenga en mente que escribimos las respuestas basadas en nuestra experiencia y no podemos hablar con autoridad acerca de cada iglesia local. Nuestro ministerio ha sido en iglesias independientes, pero en comunión con hermanos de la misma fe. Somos conscientes que cada denominación tiene su manera de tratar los asuntos, en especial la disciplina de la iglesia y el establecimiento de sus pastores. No obstante, creemos que los hermanos que pastorean estas iglesias pueden beneficiarse de lo que aconsejamos.

Debemos confesar que tuvimos a los pastores jóvenes en mente al escribir estas páginas. Por alguna razón, muchos no reciben enseñanza de estos principio básicos al estudiar para el ministerio; y si podemos ayudarlos a evitar ciertos problemas, será amplia la remuneración por nuestros esfuerzos. Por otra parte el pastor experimentado quizá pueda recoger algunas nuevas ideas o recordar algunos principios que ha olvidado. El hombre que se jacta de tener quince años de experiencia en el ministerio quizá no diga la verdad; tal vez haya tenido un año de experiencia, ¡repetido quince veces!

Entregamos este libro con una oración en el corazón de que sea de ayuda y ánimo a nuestros hermanos en el ministerio, para que todos podamos ser exitosos en ganar a los perdidos y edificar la iglesia de Cristo.

Howard F. Sugden y Warren W. Wiersbe

Capítulo 1

EL LLAMADO AL MINISTERIO

¿Cómo puedo saber que he sido llamado al ministerio y cuán importante es estar seguro de dicho llamado?

La obra del ministerio es difícil y exige mucho como para que uno se dedique a esto sin un sentido de llamado divino. Con demasiada frecuencia hay personas que se dedican al ministerio y pero luego lo dejan porque les falta el sentido de urgencia divina que viene con el llamado. Nada menos que un llamado definitivo de Dios puede darle el éxito cuando surjan los problemas en el ministerio.

¿Cómo saber que uno es llamado? Para algunos, hay una experiencia de crisis, como la que experimentó Moisés en la zarza ardiente, Isaías en el templo, o Pablo en el camino a Damasco. Pero para la mayoría sencillamente consiste en la creciente convicción de la que no podemos escapar de la realidad que Dios tiene su mano sobre nosotros. Pablo lo expresó de esta manera: "Pues si anuncio el evangelio, no tengo por qué gloriarme; porque me es impuesta necesidad; y ¡ay de mí si no anunciare el evangelio!" (vea 1 Co. 9:16). Cuando uno ha sido llamado tiene la convicción interior que no le permitirá invertir su vida en ninguna otra vocación.

Junto con esta confianza interior vienen los dones y las cualidades que Dios requiere para sus obreros. El candidato al ministerio hace bien en orar y considerar las palabras de Pablo en 1 Timoteo 3:1-7 y Tito 1:5-9. Ningún ministro se siente adecuadamente equipado; aun Pablo exclamó: "Y para estas cosas, ¿quién es suficiente?" (2 Co. 2:16). Pero aquellos que realmente son llamados sienten que Dios les ha dado los dones espirituales y también las habilidades naturales que necesitan. Estos dones y habilidades necesitan ser dedicadas, cultivadas, y usadas para la gloria de Dios.

Ciertamente los pastores tienen que tener carácter y conducta sin reproche. Tienen que ser sinceros en su deseo de servir a Cristo y tener amor por la Palabra y un deseo de estudiarla y compartirla con los demás. Tienen que amar a la gente y ser capaces de trabajar bien con ellos. Tienen que tener madurez espiritual y emocional. Si la persona llamada es casada, tiene que estar segura de que su cónyuge esté de acuerdo con la decisión.

Junto con esta convicción interior, y una sincera evaluación personal, tiene que haber aprobación de los que conocen al Señor. Esto no significa que tenemos que "consultar en seguida con carne y sangre" (vea Gá. 1:16); pero sí significa que nuestros hermanos en Cristo confirmarán lo que Dios ya nos ha dicho al corazón. Si usted siente que está llamado a predicar, entonces empiece por ejercer sus dones en su iglesia local y en cualquier otro lugar donde Dios le dé la oportunidad de servir. Spurgeon empezó su ministerio repartiendo tratados en las casas de la vecindad; D. L. Moody comenzó como un obrero de la escuela dominical.

Es prudente pasar tiempo con un creyente de experiencia (preferiblemente su pastor) para discutir estos asuntos y buscar la dirección de Dios. Es significativo que, en la Biblia, Dios prefería llamar a personas que estaban ocupadas: Gedeón estaba trillando trigo; Moisés estaba apacentando ovejas; David estaba con el rebaño de su padre; Pedro y Andrés estaban pescando. Es difícil conducir un auto que está en neutro, y Dios generalmente no guía a un creyente que está tomando la vida demasiado liviana.

A veces la iglesia puede notar el llamado de Dios en la vida de un miembro aun antes de que éste lo sienta. Juan Knox fue llamado a predicar al final de un sermón dado por John Rough en el Castillo de San Andrés, cuando el predicador solemnemente lo desafió a "no rehusar esta vocación sagrada". Knox corrió a su habitación, derramó abundantes lágrimas y oró, y finalmente salió obediente al llamado. George W. Truett tuvo una experiencia similar cuando fue retado al ministerio por un diácono anciano en una iglesia bautista en Whitewright, Texas. Truett dijo: "¡Fui lanzado a una corriente de agua, y sencillamente tuve que nadar!"

Usted no debe dedicarse al ministerio porque ha fallado en otros trabajos, o porque no tiene otra cosa en que ocuparse. Vale la pena repetir de nuevo el consejo dado a menudo: Si usted puede sentirse satisfecho fuera del ministerio, quédese fuera. Las personas que son llamadas por Dios lo sabrán, si es que sinceramente están entregadas a la voluntad de Dios; no se sentirán satisfechas a menos que hagan la voluntad de Dios.

Una nota de precaución: si le parece que tiene dones pastorales pero no se siente llamado a un ministerio a tiempo completo, entonces póngase a trabajar en su iglesia local y use sus dones para la gloria de Dios; pero no trate de pastorear la iglesia o nombrarse como pastor asistente extraoficial. Los laicos fieles y dotados que se consideran "casi pastores" pueden ser bien de una gran ayuda o un gran impedimento en una iglesia local. Si respetan el llamado divino de su pastor, pueden ser de gran ayuda en el ministerio. Si deciden no tomar en cuenta la autoridad pastoral, pueden crear un sinfín de problemas, especialmente si piensan que son mejor dotados que el pastor al que Dios ha llamado.

Un consejo final: dedique tiempo a discernir la voluntad de Dios. Esto no significa pretextos y demoras sin fin, porque ese enfoque indica indecisión y temor. Pase más tiempo en oración y en la lectura de la Palabra de Dios. Algunos de los más grandes predicadores determinaron la dirección de Dios mientras estaban ocupados en otras profesiones. G. Campbell Morgan era profesor en una escuela de varones y usaba sus horas libres para ganar almas perdidas. Jorge Morrison era uno de los redactores del gran *Oxford English Dictionary* [Diccionario Inglés Oxford] mientras buscaba la dirección de Dios para su vida. Cuando usted es obediente en las tareas diarias de la vida, escuchará la voz de Dios y sabrá qué camino tomar.

Una vez que esté seguro del llamado, ¿qué debo hacer?

Si todavía no está ejerciendo sus dones espirituales en una iglesia local, ¡póngase activo! La primera carta a Timoteo 3:6 advierte que un pastor no debe ser "un neófito". Esto sugiere que los candidatos al ministerio necesitan tiempo para madurar espiritualmente bajo la supervisión de los líderes en la iglesia local. Los diáconos deben ser "sometidos a prueba primero" (1 Ti. 3:10), y esta norma también es buena para el candidato al ministerio.

Generalmente el plan de Dios es dejar que sus siervos muestren fidelidad en lo poco, antes de que se les dé dominio sobre muchas otras cosas. (Mt. 25:21). Numerosa responsabilidad demasiado pronto puede llevar a la desgracia. Spurgeon empezó como profesor de la escuela dominical. Un domingo le pidieron que se dirigiera a todo el grupo porque el líder estaba ausente, y tuvo tanto éxito que eventualmente dirigió la escuela. Como Spurgeon fue fiel a su pequeño rebaño en Waterbeach en Cambridge, Dios le dio un gran ministerio en Londres. Quien no es fiel en las pequeñas responsabilidades nunca tendrá la oportunidad de mostrarse fiel en las grandes. Comience donde se encuentra; haga lo que está a la mano; y permita que Dios abra el camino.

Tal vez los líderes de su iglesia quieran autorizarlo a predicar. Una licencia para predicar es a la ordenación lo que un aro de compromiso es al matrimonio; es el primer paso, y siempre puede ser revocado. Pablo advierte a los pastores: "No impongas con ligereza las manos a ninguno" (1 Ti. 5:22). Antes de que la iglesia le imponga las manos para la ordenación, esté seguro de que Dios le haya impuesto su mano para una vida de servicio (Fil. 3:12-14). Es mejor ser paciente y estar seguro, que ser impetuoso, y quedar avergonzado.

Empiece a orar y a planificar para un adiestramiento especializado. Su pastor y otros creyentes maduros pueden sugerirle un buen instituto bíblico o un seminario. ¡No dé la excusa de que muchos grandes predicadores nunca asistieron a un seminario! Charles Spurgeon, Dwight L. Moody, H. A. Ironside, y G. Campbell Morgan no asistieron a un instituto bíblico, sin embargo dos de ellos fundaron seminarios para preparar predicadores y los otros dos fueron miembros de facultades académicas. Ellos reconocían la importancia de la educación. Si usted es un Spurgeon o un Ironside, la gente lo reconocerá rápidamente; pero hasta entonces, busque la manera de conseguir adiestramiento.

Cuídese de los ataques del diablo durante este tiempo de espera. Él a menudo usa a otros creyentes para desanimar a futuros predicadores, de modo que sea muy cuidadoso en su vida devocional. Dedíquese al estudio de la Palabra y a la oración. Conságrese a Cristo; sea disciplinado; esté ocupado. Proclame en su vida Proverbios 3:5-6 y el Salmo 37:3-5.

¿Qué preparación necesito para el ministerio?

Dios tiene muchas maneras de preparar a sus siervos, y nunca debemos despreciar o cuestionar sus caminos. Él tiene un propósito especial para cada uno de sus obreros, y solamente Él sabe cómo preparar sus instrumentos. Fije la mirada en el Señor y no en otros creyentes, y permita que Dios obre su voluntad en su vida.

Hay más de una clase de preparación para el ministerio. Hay, por ejemplo, *preparación general* que viene del diario vivir. Pablo hacía tiendas de campaña; Pedro, Jacobo, y Juan eran pescadores. Cada uno de ellos aprendió bastante acerca de la vida y la gente en su vocación diaria. Muchas lecciones prácticas se aprenden en la oficina o en la fábrica, de modo que nunca desprecie sus horas de labor. Afortunado es el pastor que ha aprendido por experiencia lo que significa ser cristiano en el mundo laboral de hoy.

En la actualidad existe una tendencia de asignar pastores de la congregación misma, y en muchas iglesias ha resultado bien. Las personas llamadas a servir ya conocen a la congregación y no tienen que mudarse desde otra ciudad. Pero es prudente que la iglesia provea un continuo programa de educación para que estas personas puedan obtener el adiestramiento especializado que necesiten.

Por supuesto, también hay la *preparación vocacional*, que incluye el estudio de la Palabra, comprensión de los idiomas bíblicos, y conocimiento de la doctrina bíblica y la historia de la Iglesia. El adiestramiento práctico en servicio cristiano es esencial. "Apto para enseñar" es una de las cualidades importantes para el ministerio (1 Ti. 3:2) e implica que una persona es "apta para aprender". Tenemos que ser receptores antes de poder ser transmisores. Quien no aprende la disciplina del estudio nunca cumplirá todo lo que Dios quiere que lleve a cabo en el ministerio. (Vea Esdras 7:6, 10.)

Hay dos opciones principales cuando se trata de la educación formal, y usted y el Señor tienen que decidir cuál es la mejor para usted. Usted puede pasar cuatro años en un instituto bíblico acreditado y luego estudiar en un seminario, o puede graduarse de una universidad secular y luego estudiar en un seminario bíblico. Si sigue esta última sugerencia, sus especialidadees pueden ser historia, literatura, o filosofía.. Algunos pueden sentirse llamados a obtener mejores títulos; pero tenga cuidado de no usar los estudios como un escape de las realidades del ministerio. Si su especialidad es ingeniería o ciencias, no crea que esto lo descalifica del ministerio, porque todo lo que usted estudia es útil para servir al Señor.

Cualquiera que sea el curso de estudios que siga, asegúrese de que al graduarse sepa usar las herramientas del ministerio. Un conocimiento práctico de la Biblia es fundamental. Trate de obtener un conocimiento básico de los idiomas de la Biblia, aunque hay muchos auxiliares disponibles que usted puede y debe usar. Los buenos cursos en predicación son esenciales para que aprenda a preparar y presentar mensajes organizados de la Palabra. Los cursos básicos en teología lo ayudarán a reconocer la herejía y también lo protegerán de confusiones y contradicciones en sus prédicas. La historia y la filosofía pueden ser áridos, pero le darán perspectiva y profundidad.

Usted tiene que dedicarse al estudio toda su vida. Todo lo que los pastores experimentan o leen puede convertirse en parte del tesoro espiritual del cual extraer riquezas en la obra del Señor. Usted tiene que especializarse en el Libro, pero también debe leer otros libros, tanto seculares como sagrados. Leerá el libro de la naturaleza y también el libro de la humanidad. Conforme vive y aprende, busque los lugares donde "la verdad toca a la vida" (Phillip Brooks), y allí encontrará la nutrición espiritual que necesita para alimentar a su congregación.

En resumen: confíe en Dios para que lo guíe al instituto o al seminario que mejor le preparará para desempeñar la obra que Él le llamó a realizar. Mientras está allí, entréguese devotamente a los estudios, porque nunca más tendrá la misma oportunidad de preparación. No vea la educación formal como un paréntesis o un desvío en su vida, sino como parte de su obediencia a la voluntad de Dios. La erudición es buena mayordomía. Usted sirve al Señor como un buen estudiante y también como un buen predicador, de modo que sea fiel. En algún momento puede sentirse tentado a dejar los estudios y salir a la obra. ¡Resista esa tentación! W. B. Riley lo dice muy bien: "Si su trabajo en el seminario lo convierte en estudiante, se habrá logrado una preparación esencial para su ministerio de predicación. Si salen del seminario sin amor a los estudios, será de poco valor el tiempo dedicado allí." (*The Preacher and His Preaching* [El predicador y su predicación], Wheaton, Ill.: Sword of the Lord, 1948, p. 21.)

¿Es irrevocable el llamado de Dios?

Jesús le dijo: "Ninguno que poniendo su mano en el arado mira hacia atrás, es apto para el reino de Dios" (Lc. 9:62). En toda la Biblia el énfasis está sobre un llamado permanente. No ingrese al ministerio con reservas o con una agenda oculta. No es prudente pedir a Dios una cláusula de escape en el contrato. La pareja que entra al matrimonio diciendo: "Bueno, si no resulta, siempre nos podemos divorciar" está en problemas, como también lo está el pastor que se dice a sí mismo: "Si no surte efecto, siempre puedo conseguir otro trabajo." El ministerio es un llamado, no un trabajo, a menos que sea usted un mercenario (Jn. 10:11-13). "Porque irrevocables son los dones y el llamamiento de Dios." (Ro. 11:29). Las personas que son llamadas pero que tratan de escapar, como Jonás, descubrirán que no hay un lugar dónde esconderse.

Esto no significa que Dios nunca cambia la esfera de ministerio de un siervo. Muchos fieles pastores han sido dirigidos del ministerio de la iglesia local hacia la enseñanza, la obra misionera, el ministerio de conferencia bíblica, o hacia responsabilidades específicas en su denominación. A veces una crisis en el hogar requiere un cambio de ministerio. Algunos pastores tienen que cambiar su esfera de servicio para cuidar de un cónyuge inválido o de sus padres ancianos.

Una y otra vez, todo siervo de Dios se ha sentido inadecuado para el ministerio. "No pasa ni un día —escribió el gran Marcos Dods en su diario— sin una gran tentación a darme por vencido, aludiendo a que no soy apto para la obra pastoral. Escribir sermones a menudo es el trabajo más duro; la visitación es cosa horrible." No obstante, Dods se convirtió en un gran siervo de Dios, y los pastores siguen leyendo sus libros y obteniendo beneficio de ellos.

Si llega un momento de depresión, y siente ganas de darse por vencido, no lo haga. Dios lo ha llamado, Dios está con usted, y Dios lo usará para cumplir sus propósitos. Pase tiempo en la presencia de Dios, y en vez de darse abandonar la obra, vuelva a reafirmar su comisión y retome el trabajo. "Estando persuadido de esto, que el que comenzó en vosotros la buena obra, la perfeccionará hasta el día de Jesucristo" (Fil. 1:6).

¿Debiera una persona de mayor edad considerar un llamado al ministerio?

¿Por qué no? Parece ser que hay poca evidencia que el llamado de Dios viene únicamente a personas jóvenes. Amós y Moisés estaban asentados en sus profesiones cuando Dios los llamó a predicar. En realidad, las personas mayores tienen ventajas que los candidatos ministeriales más jóvenes quizá no posean: experiencia en la vida, seriedad de propósito, una madurez que la educación formal no puede impartir, un sentido de valores, un sentido de perspectiva, y un entendimiento más profundo de la naturaleza humana. Muchos educadores afirman que sus estudiantes mayores obtienen mejor resultado que los más jóvenes, aunque solamente sea porque tienen que esforzarse más.

Por supuesto, los candidatos mayores tienen algunos problemas especiales que sobrepasar: el gran costo de comenzar con una nueva vocación en medio de la vida, la corriente eterna del tiempo, una medida de seguridad financiera, la dificultad de convertirse nuevamente en estudiante y tener que estar en clase con gente joven, y sencillamente la molestia de arrancar raíces y mudarse. Pero estas llamadas piedras de tropiezo pueden convertirse en peldaños hacia el éxito para la persona que cree en Dios. Lo importante no es su edad sino su voluntad de obedecer a Dios sin importar el precio. Más y más gente en estos días está siendo llamada al ministerio en la madurez y tienen que hacer ajustes de la mitad de curso, de modo que no piense que está solo en esta transición vocacional.

En muchos sentidos, la edad es un estado de la mente. Cultive la vista de fe en la vida, y siempre será joven en corazón y espíritu. Una vez leímos en un lema de escritorio: "Envejecer un simple mal hábito que la persona ocupada no tiene tiempo de adquirir."

¿Cuál es la función del cónyuge en el llamado al ministerio?

¡Una función muy importante! El cónyuge tiene que ser una ayuda y no un impedimento. El Dios soberano, que sabe que va a llamar a una persona a su a su servicio, también dirigirá a esa persona a escoger un cónyuge que será una ayuda idónea. Los problemas del ministerio, de por sí ya son lo suficientemente grandes como para agregar a ellos la carga de un hogar dividido. Si una pareja comprometida no está de acuerdo con un llamado para el servicio, que rompan el compromiso, que pidan la dirección de Dios, y que esperen hasta que haya paz y confianza en ambos corazones. "¿Andarán dos juntos, si no estuvieren de acuerdo?" (Am. 3:3).

El hombre (o la mujer) que ya está casado tiene una dificultad más difícil que tratar. Pero si la esposa en una buena ama de casa y una compañera amorosa, no debe haber ningún problema; la esposa del pastor es en primer lugar responsable del cuidado del hogar. Para ser una buena esposa de pastor ella no necesita ser una gran oradora de banquetes, una música talentosa, ni una profesora exitosa. Si puede mantener el hogar funcionando sin complicaciones para que su esposo cumpla con sus deberes ministeriales, ella cumplirá la tarea más importante. La esposa que siente un llamado al ministerio tiene que discutir este asunto con su esposo, tal vez con la ayuda de un consejero, para que ella y su esposo sean un equipo y no compitan entre sí de manera dañina.

La esposa y madre, antes de decidir si realmente está siendo llamada al ministerio, debe hablar y orar con alguna "madre en Israel" que tenga experiencia en este campo. Tiene que haber acuerdo y armonía en el hogar. Esto debe ser una regla en todos los hogares cristianos, y no sólo en los hogares de ministros y obreros cristianos. De modo que si un llamado al ministerio trae reacciones violentas en el matrimonio, puede haber un gran problema en su estructura básica. Es mejor que estas cosas se arreglen con amor y paciencia antes de llevar a cabo demasiados cambios, preferiblemente, bajo la orientación de un pastor maduro. Una pareja casada también tiene que tomar en consideración a sus hijos (1 Ti. 5:8) y no perturbar el hogar. Dios generalmente no derrumba una cosa para construir otra.

Cuando los votos matrimoniales preceden a los de la ordenación, la imposición de manos no cancela automáticamente los votos del matrimonio. Si el esposo y la esposa sienten que se han casado dentro de la voluntad de Dios, entonces que esperen en el Señor hasta que estén seguros de que el llamado al ministerio es de Dios. Se limita la gracia y el poder de Dios al concluir que el ministerio a tiempo completo es imposible. Es especialmente importante que los hijos estén preparados para lo que será un cambio radical para ellos. El tiempo, los consejos sabios y la gracia de Dios pueden allanar los problemas. Si aun así no hay un acuerdo, que la pareja mantenga su matrimonio y usen sus dones en la iglesia local. David quiso construir un templo para el Señor pero Dios había asignado esa tarea a su hijo Salomón. Las palabras de Dios a David nos animan a todos: "Respecto a haber tenido en tu corazón deseo de edificar casa a mi nombre, bien has hecho en haber tenido esto en tu corazón" (2 Cr. 6:8).

Una vez abandoné el ministerio. ¿Qué puedo hacer para volver?

Después de mucha reflexión y oración, pida consejos a un pastor que conoce y en quien confía. Algunas de las preguntas a las que tiene que responder honestamente son: ¿por qué abandoné en ministerio? ¿Se han solucionado los problemas? ¿Cuento ahora con la bendición de Dios para que Él me pueda usar de nuevo? ¿He tomado los pasos necesarios para reparar cualquier daño que haya ocasionara? ¿Hay algunas debilidades de carácter con las que tengo que tratar antes de poder pastorear de nuevo? ¿Cómo ve la situación mi cónyuge?

Juan Marcos fue un joven que abandonó el ministerio, y Dios lo restauró y lo utilizó grandemente. Aun el gran apóstol Pablo tuvo que cambiar de opinión acerca de Marcos (lea Hch. 15:36-41; Col. 4:10; 2 Ti. 4:11). Tanto Jonás como Pedro fracasaron en su llamado, pero Dios los perdonó y los restauró. "La vasija de barro que él hacía se echó a perder en su mano; y volvió y la hizo otra vasija, según le pareció mejor hacerla" (vea Jer. 18:1-4).

Asegúrese en la Palabra de Dios, no en las opiniones de los hombres. David expresó una gran verdad cuando, después de haber pecado, dijo: "Estoy en grande angustia. Ruego que yo caiga en la mano de Jehová, porque sus misericordias son muchas en extremo; pero que no caiga en manos de hombres" (1 Cr. 21:13). A veces las respuestas de otros pastores a su situación pueden ser muy desalentadoras y condenatorias, ¡pero Dios ha prometido perdonar (1 Jn. 1:9) y restaurar la comunión y las bendiciones a los creyentes que se arrepienten! Confíe en sus promesas.

No se aferre a la primera oportunidad de servicio que se presente. Esté seguro de servir en el lugar que Dios elija para usted. No abra la puerta a otra crisis y fracaso. Tal vez colaborar con otro pastor por un tiempo lo ayude en la transición de vuelta al ministerio. "Velad y orad" (Mr. 14:38). Satanás está listo a intentar vencernos y devorarnos a todos. No es necesario suponer que usted fracasará de nuevo; en realidad, una actitud de fracaso le asegurará un fracaso. Pero es necesario que preste atención a 1 Corintios 10:12.

NOTAS

REFLEXIONES

PUNTOS DE ACCIÓN

Capítulo 2

EL LLAMADO A UNA IGLESIA

¿Qué pasos debo dar para hallar mi lugar de ministerio?

E fesios 2:10 indica que Dios nos prepara para lo que ha preparado para nosotros. Si hemos sido llamados por el Señor, Él tiene escogido el lugar donde podemos servir con buen éxito. La mayoría de los pastores empiezan en un lugar pequeño, y luego Dios los dirige a campos ministeriales más grandes. Unos pocos son llamados a ámbitos grandes desde el principio, pero esto no es lo que Dios generalmente hace (Mt 25:21). Empezamos como siervos de pocos y, si somos fieles, Dios ensanchará nuestro ámbito de ministerio.

Suponemos que usted ha estado sirviendo al Señor en alguna forma durante sus años de preparación, y de esta experiencia ha descubierto y desarrollado sus dones y habilidades. "Conózcase" es una importante amonestación para ministros de la Palabra, para que no se vean en un lugar donde no deben estar y haciendo una obra que nos les corresponde.

Cultive un corazón de siervo y esté a disposición. Nunca considere una misión o una oportunidad como pequeña e indigna. Bien se ha dicho: "Haz de cada ocasión una gran ocasión, porque nunca sabes cuándo alguien puede estar considerándote para un lugar más grande." Las personas que son demasiado orgullosas para predicar a una congregación pequeña nunca predicarán exitosamente a congregaciones grandes. Josué tuvo su comienzo como siervo de Moisés, y David mató al león y al oso en privado antes de que Dios le permitiera matar al gigante en público. Si usted ha sido llamado y está preparado, manténgase ocupado y confíe en Dios hasta que Él le abra la debida puerta.

Sería muy provechoso si usted pudiera trabajar uno o dos años con un pastor de experiencia, no para imitarlo sino para aprender de él y para confirmar su llamado. Ser el pastor asistente quizá no sea tan atractivo como pastorear su propio rebaño, pero si tiene varias ventajas. Un pastor con experiencia le enseñará muchas cosas y lo ayudará cuando cometa errores. Este arreglo también es bueno para su familia puesto que pueden entrar gradualmente en la obra pastoral. Durante algunos años de asistencia en el ministerio, usted puede desarrollar sus hábitos de estudio y sus habilidades pastorales. Como un espectador en las reuniones negocio de la iglesia, usted aprenderá mucho acerca de las dinámicas del liderazgo pastoral. Si en alguna ocasión su pastor lo incluye en las juntas de la iglesia, tenga sumo cuidado de mantener a todo tiempo la confidencia.

Si ninguna puerta de ministerio se abre inmediatamente, no se dé por vencido. El gran erudito bíblico Marcos Dods, a quien hemos mencionado anteriormente, esperó seis años antes de que una iglesia lo llamara. Durante ese tiempo predicó en iglesias que lo invitaban, estudió, preparó mensajes, y esperó el tiempo de Dios. Cuando por fin se abrió la puerta, tuvo toda una vida de servicio fructífero.

Dios a veces utiliza a otras personas para dirigirnos hacia su voluntad. Avise a algunos de sus amigos pastores que usted está abierto a la dirección de Dios, tal vez ellos puedan darle sugerencias. A menudo las iglesias contactan a otros pastores cuando están buscando un pastor. Aunque no confiamos en el hombre, sí permitimos que Dios se valga de otros creyentes para que nos guíen a lo largo del camino.

Lo peor que usted puede hacer es promoverse a sí mismo y tratar de abrirse paso a alguna iglesia escogida. Valerse de la política denominacional para recibir una invitación a pastorear es mostrar que usted no tiene confianza en las promesas de Dios o en el poder de la oración. Vivir en fe implica vivir sin maquinaciones, y cuanto antes un joven pastor aprende esto, tanto mejor. Nehemías "[oró] al Dios de los cielos, y [dijo] al rey" (vea Neh 2:4-5). ¡Ese es el debido orden! Si usted anda con Dios, Él lo dirigirá a los debidos amigos y al lugar exacto de ministerio.

Estas sugerencias aplican primeramente a pastores en confraternidades o denominaciones en que las iglesias locales tienen libertad de llamar a sus propios ministros. Los que pertenecen a denominaciones que operan en forma distinta quizá no obtengan mucha ayuda en estas sugerencias. Nuestra experiencia ha sido trabajar en iglesias independientes, y titubeamos en dar consejos fuera del ámbito de la propia experiencia.

¿Qué debo hacer al ser entrevistado por un comité?

Generalmente los miembros del comité ya lo han oído predicar, de modo que usted no es un extraño para ellos. También deben haber estudiado su historial personal. Vaya a la reunión con una disposición afectuosa y amable, y pida a Dios que le dé sabiduría y dirección (Stg 1:5). Decida ser de bendición y todo saldrá bien.

Por supuesto, el propósito de la reunión es que los dirigentes de la iglesia lo conozcan a usted y que usted conozca mejor a la iglesia, a sus líderes, y la obra que realizan. A continuación ofrecemos algunas pautas a seguir:

Antes de la reunión

Tanto marido como mujer deben leer cualquier material disponible acerca de la iglesia, su historia, y su programa. Los estatutos y reglamentos de la iglesia son muy importantes, como también las copias de los presupuestos e informes anuales más recientes. Si no hay informes disponibles, anote las preguntas pertinentes que quiere hacer acerca de las finanzas. Si tiene varias preguntas de valor, se mantendrá el objetivo de la reunión y se ahorrará bastante tiempo y energía. Por supuesto, el presidente del comité debe tener una agenda definida, pero no todos los presidentes saben esto. Es prudente estar preparado.

Durante la reunión

El comité querrá escuchar su testimonio personal y cualquier informe sobre su ministerio que usted pueda dar. Quizá le pidan referencias, de modo que vaya preparado con una lista de nombres y direcciones. Escuche con atención y responda a cada pregunta con amor cristiano, aun si la pregunta parece ruda o crítica. Este primer contacto con las personas clave de la iglesia debe ser de un alto nivel; porque, si usted llega a ser pastor de ellos, ya ha tenido un buen comienzo. Asegúrese de que se cubra cada aspecto de la obra, y no tenga vergüenza de discutir la economía. ¡Tome notas! Esto le salvará de malos entendidos y vergüenzas más adelante. Pida al comité que le explique cualquier asunto del ministerio de la iglesia que no esté claro. Usted tiene todo el derecho a saber cada uno de los detalles del estado de la iglesia.

En esta reunión preliminar, no tome ninguna decisión impetuosa de aceptar o rechazar el llamado. Asegúrese de dejar la reunión con una actitud sana, y agradezca a los miembros del comité por su tiempo y su ayuda.

Después de la reunión

Es responsabilidad del comité darle un comunicado por escrito, bien pidiéndole que considere ser pastor de la iglesia o informándole que seguirán su búsqueda en otra parte. Es trágico cuando los comités son tan desconsiderados que no informan al candidato acerca de su decisión. Si lo invitan a tomar en consideración la iglesia, es prudente que vuelva a visitarla, que predique allí varias veces, y que tome más tiempo para conocer a los hermanos y pensar en la situación. "El que creyere, no se apresure" (Is. 28:16). Asegúrese de que todos los detalles relativos al llamado estén claramente estipulados en una carta formal: el salario, la vivienda, los gastos de mudanza (que debe pagar la iglesia), las responsabilidades, el privilegio de vacaciones. Es mejor tener esto definido en forma adelantada que debatirlo a la llegada.

Por supuesto que usted pasará mucho tiempo en oración, buscando la voluntad del Señor. Tome contacto con el presidente del comité si tiene necesidad de discutir algún asunto. Aunque la iglesia no lo llame, esta experiencia puede ser un medio de crecimiento espiritual, y puede abrir otras puertas. Si no viene ningún llamado, no se sienta resentido. ¡Puede llevar tiempo hasta que la gente descubra lo talentoso que es usted! Siga orando por la iglesia, que Dios les envíe el pastor que Él haya escogido.

Tal vez no estén por demás algunas advertencias:

↘ No dé importancia a cosas secundarias. Manténgase aferrado a lo básico.

↘ De ninguna manera discuta con el comité. Si los miembros no tienen un punto de vista bíblico en algún asunto, presente su caso en forma afectuosa, y no convierta la reunión en un debate.

↘ No espere que todo sea perfecto. Las iglesias se constituyen de personas, y las personas son humanas y falibles. ¡También lo son los predicadores! Solo Dios es perfecto y quien nunca comete errores.

↘ No critique a la iglesia, los cultos públicos, o el templo. Los hermanos aman a su iglesia, y usted debe amarla también, a pesar de todos sus defectos.

↘ No se ofenda al ser visto como principiante. Algunos de los miembros del comité han estado afiliados a la iglesia por mucho tiempo y han entrevistado a muchos candidatos a pastor. Si al principio no reconocen su madurez, tenga paciencia; si tiene dones, Dios los revelará a su debido tiempo.

↘ No cometa el error de pensar que todos los comités encargados de buscar pastor son iguales. Usted se encontrará con comités precavidos, temerosos a dar un paso de fe; comités divididos, que no saben la clase de pastor que necesita la iglesia; y comités cansados, listos a llamar al primer candidato que se les presente. Dedique tiempo a sondear el ambiente de la reunión, y saldrá de allí sintiéndose en paz.

Confíe en que Dios usará al comité y que le dará a usted toda la dirección que necesite. Habrá miembros del comité que cometerán errores; mostrarán prejuicios y quizá ignorancia, pero Dios sigue siendo soberano y usted ha puesto su confianza en Él. Es posible que vuelvan a usted después de considerar a otros candidatos, pero será mejor que espere sentado. Siga sirviendo al Señor y confiando en Él para que obre su plan perfecto en su vida. El tiempo de Dios siempre es el mejor. "En tu mano están mis tiempos" (Sal. 31:15).

¿Cómo puedo estar seguro de que Dios me ha llamado a ministrar a cierta congregación?

Durante sus primeros contactos con la congregación que Dios ha escogido para usted, Él puede darle la convicción de que usted "es parte" de esa iglesia. Más de un candidato ha dicho: "Sentí como que había estado en la iglesia toda mi vida." Sentirá paz en su corazón, y al orar, esa convicción se profundizará. Usted tendrá una carga por la obra y sentirá gran emoción al pensar en trabajar allí. Si se está mudando de otro pastorado, puede experimentar que se levanta la carga por esa obra y que la nueva pesa más. Esto puede ocurrir a lo largo de algún tiempo, o puede suceder de repente. Generalmente, hay un tiempo de preparación cuando Dios aleja al pastor y a su familia de una iglesia y los dirige hacia otra obra. Recuerde, usted no deja un lugar; usted va hacia un lugar.

Las posibilidades —si, y aun los problemas— del futuro pastorado lo desafiarán. Los graves problemas en una obra no son razón para abandonarla (Tito 1:5

afirma eso), y tampoco son motivo para evitarla. Usted no tiene que estar totalmente de acuerdo con la organización y la estructura de una iglesia para poder ser su pastor. Tal vez Dios lo ha llamado allí para que a su tiempo ponga en orden algo. Por supuesto, usted y la iglesia deben estar de acuerdo en la doctrina.

La mayoría de los pastores quieren conversar acerca de estas decisiones con colegas a quienes aprecian y en quienes confían, pero no hable con demasiadas personas. Converse respecto de sus decisiones con su consejero más confiable y oren juntos pidiendo la dirección de Dios. A menudo, nuestros hermanos en Cristo que nos conocen y nos aman ratificarán la dirección que Dios da a nuestro corazón.

Nunca acepte ser pastor de una iglesia porque no tiene otro lugar a donde ir, o porque tiene problemas en su ministerio actual. Los problemas no solucionados en el ministerio anterior tienen la tendencia a aparecer en el nuevo ministerio. Los pastores que pasan de una iglesia a otra nunca maduran en el ministerio, porque escapan de los retos que los ayudan a crecer. Los pastores que se mudan a causa de sus problemas en su iglesia actual son como adolescentes que se casan sólo para salir de la casa paterna, únicamente para descubrir problemas aun más grandes en el nuevo lugar.

Estas grandes decisiones de la vida muchas veces se basan en las pequeñas decisiones que tomamos día a día; de modo que mantenga en buen orden su vida devocional, y Dios le mostrará su voluntad.

¿Debo aceptar el llamado si el voto no ha sido unánime?

Lamentablemente, algunas iglesias no tienen la palabra "unánime" en su vocabulario. En realidad, muchas iglesias (y es triste decirlo) tienen entre sus miembros algunos obstruccionistas cuyo propósito en la vida es hacer que la iglesia jamás tenga un voto unánime en ningún asunto.

Su decisión debe ser influenciada por la cantidad de votos negativos. La sabiduría dicta que debe haber una gran mayoría para que se pueda hacer la obra, y vale decir que la oposición sí presenta un reto al siervo de Dios. En realidad, algunos de los que votaron por usted pueden volverse en su contra después de que haya llegado a la iglesia, y algunos de sus oponentes pueden volverse sus más leales colaboradores. Si el voto negativo es pequeño, usted puede aceptar el llamado con seguridad de estar en la voluntad de Dios. Pero si hay una mayoría considerable que no está a favor, es prudente esperar.

Muchas iglesias toman el voto, y si la mayoría está de acuerdo, lo consideran un voto unánime. Este es un procedimiento normal, pero deja al nuevo pastor con la idea de que la iglesia está unida cuando puede ser que no es así. Usted tiene derecho a saber si hubo un considerable voto negativo.

Si usted acepta el llamado, no trate de averiguar cómo votaron los hermanos. Algunos le dirán: "Voté en su contra, ¡así que tenga cuidado!" Trate a todas las personas con dignidad y haga lo posible por ganar su amor y confianza. Pastoree a toda la iglesia, no solamente a sus admiradores. Un día usted tendrá el gozo de ver a la iglesia felizmente unida, aun a las personas que votaron en contra de usted.

Algunos pastores sienten que han fallado si no el voto que recibieron no fue unánime. Si usted tiene esta actitud, perderá mucha satisfacción en el ministerio. Un pastor y su congregación tienen que seguir la dirección del Señor y votar como se sienten guiados. La mayoría tiene que mandar, y la minoría que está en contra tiene que aceptarlo con buen espíritu. Si la mayoría tiene razón, no debe adoptar una actitud de arrogancia, y si resulta que la minoría tenía razón, no deben decir: "¡Qué te dije!" La actitud personal del pastor en estos asuntos es la clave para la armonía y el progreso de la iglesia. Si él se vuelve dictatorial, dividirá a la iglesia. Si él ejercita amor y paciencia, unirá a la iglesia.

NOTAS

REFLEXIONES

PUNTOS DE ACCIÓN

Capítulo 3

EL PASTOR EN UNA IGLESIA NUEVA

¿Qué puedo hacer para comenzar bien en un nuevo lugar de ministerio?

C omience diariamente pidiendo a Dios que le dé cada día más amor por la congregación. Conozca a los hermanos; haga una lista de oración y recuerde fielmente a su gente ante el trono de la gracia.

Familiarícese en forma entusiasta con la obra de la iglesia. Evite las críticas; hay dos puntos de vista (o más) en cada historia, así no crea a todo lo que escucha. Aprenda a apreciar a los hermanos, los inmuebles, las costumbres, aunque más adelante Dios lo guíe a hacer cambios. Sea cauteloso con los hermanos que obviamente quieren ser sus confidentes. En unos pocos meses, podrían convertirse en sus enemigos. Tenga sumo cuidado de aceptar a miembros anteriores que retornan y que inmediatamente quieren poner manos a la obra. Entérese primero de los hechos y tome nota que Tito 3:10 pone límite a cuantas veces las personas pueden irse enojadas y luego volver con una sonrisa.

Mientras llega a conocer la obra, haga una lista de sus prioridades personales, las cosas importantes que le gustaría llevar a cabo. Usted no puede hacer todo de una vez, y algunas cosas, cuando están hechas, harán que sea más fácil llevar a cabo otras tareas. Convierta esta lista de prioridades en una lista de oración. Pida a Dios que le dé la sabiduría para comprender la situación y saber cuando empezar a actuar.

Tenga paciencia. Es sorprendente lo que puede hacerse con paciencia y oración. Algunos pastores piensan que tienen que romper un récord de logros durante el primer mes de su ministerio, y empiezan a *empujar* a sus ovejas en vez de *guiarlas*. Pida a Dios paciencia y comprensión.

Trate de evitar la comparación de su nuevo lugar de ministerio con el que acaba de dejar. Es difícil arar un surco derecho cuando está mirando hacia atrás. Cada situación es diferente porque cada hijo del Señor es diferente. Los principios del ministerio nunca cambian, pero los métodos sí cambian de lugar en lugar. Si usted constantemente compara una iglesia con la otra, gradualmente se volverá crítico, y para un pastor crítico es difícil amar y servir al pueblo de Dios.

Visite a los hermanos, en especial a los ancianos, a los confinados, y a los líderes de la iglesia. Los ancianos apreciarán sus visitas, y sus seres queridos le agradecerán por su cuidado. Estas personas pueden ser las primeras en fallecer y es bueno que las conozca antes de llevar a cabo su funeral. Los miembros confinados y sus amigos pueden ser sus mejores compañeros de oración. Y es bueno que visite el hogar de los líderes de la iglesia, porque el conocimiento del hogar de cada uno le ayudará a comprender a las personas mismas. Usted puede ser más paciente con un diácono si descubre las cargas que lleva en su hogar.

Predique mensajes animadores de los grandes pasajes de la Palabra. Muchos pastores prefieren predicar de un libro de la Biblia, capítulo por capítulo, o en series anunciadas. Este enfoque desarma a los miembros críticos que están listos a acusarlo de predicar contra los pecados de la iglesia. Si se presentan temas de controversia (por ejemplo, el divorcio o divisiones en la iglesia), los críticos no lo pueden acusar de seleccionar sus temas y tomar una ventaja injusta desde el púlpito.

Aproveche que usted es novato para visitar la mayor cantidad de personas posible. "¡Soy el nuevo pastor de la Primera Iglesia!" es una llave para abrir puertas durante varios meses, pero eventualmente usted tendrá que colgar la llave y tomar otro acercamiento.

Consulte con su junta oficial y averigüe si le aconsejan visitar a miembros que han dejado de asistir. Ante todo, visite a los que no son salvos y trate de ganarlos para Cristo. Esto puede incluir a padres de los niños de la escuela dominical. Un pastor que hace visitas puede ser poco común hoy y los expertos toman como ridículo el antiguo dicho de que "un pastor que visita los hogares significa un pueblo que visita la iglesia", pero su ministerio desde el púlpito será más personal si dedica tiempo a visitar los hogares. La visita pastoral es a veces ignorada y aun criticada por algunos pastores, y estamos dispuestos a aceptar el hecho de que la visita hoy quizás no sea tan efectiva como lo era hace años, pero sentimos que los pastores aprenderán mucho y harán un mejor trabajo si llegan a conocer a su gente.

Sin embargo, el "llegar a conocer a la gente" no significa prestar oído a todo tipo de críticas acerca de pastores anteriores y otros miembros de la iglesia. Repetimos: no crea todo lo que oiga. De hecho, cuando alguien empiece a criticar, gentilmente pídale que no lo hagan. Con el tiempo, se pasarán la voz de que al nuevo pastor no le gusta el chisme. Esto no significa que debe poner oídos sordos a un miembro de confianza que quiere prevenirle de una persona que constantemente causa problemas. Pero sí significa que usted no categoriza a la gente sobre la base de los prejuicios de unos pocos miembros. La familia que no respondía al ministerio del pastor anterior puede responder cuando lo oyen predicar a usted. Usted escuchará cosas buenas y cosas malas acerca de muchas personas. No se comprometa. Permita que Dios lo guíe, y reflexione sobre Proverbios 18:13.

Como usted está al mando, exija que lo respeten. Los hermanos sin duda quieren amarlo y seguirlo, pero necesitan tiempo para llegar a conocerlo. Una vez que haya ganado su respeto y cariño, ellos estarán listos para seguirlo. Empiece la obra sin mucho alarde; gane a los perdidos, organice el trabajo, edifique a los creyentes, y lleve a la iglesia hacia ministerios más amplios. A su tiempo, las bendiciones de Dios ganarán para usted el respeto y la cooperación que anhela recibir.

Tenga en mente quedarse. El deseo de quedarse con los hermanos a pesar de sus faltas (y las suyas propias) hará que gane su cariño. Haga saber que usted desea hacer una obra sólida en la iglesia y no meramente hacer la obra uno o dos años, "hasta que se presente algo mejor".

Ore en con regularidad por sus líderes mencionándolos por nombre. Pida a Dios que los haga espirituales. Dígales en privado que ora por ellos, y pídales que compartan sus necesidades con usted.

Cuando llegue la primera crisis, encárela y manéjela como si hubiera estado en la iglesia durante muchos años. Ejercite amor y bondad, y obedezca la Palabra de Dios. La forma en que haga las cosas la primera vez determinará cómo las hará la segunda y la tercera vez. Una vez que los hermanos reconozcan que usted tiene la intención de obedecer la Palabra de Dios, la mayoría responderá con aprecio y cooperación. Otros, bien harán un mohín o se irán.

Cuando se van cristalizando sus planes, discútalos en privado con sus líderes. Ellos tienen derecho a saber hacia donde usted está guiando a la iglesia. No los presione a actuar rápidamente. Una persona que se siente presionada generalmente responde en forma negativa. Más bien mantenga la calma. Si hay serenidad y un sentido de dirección, la congregación responderá en forma positiva. Lleva tiempo edificar una iglesia espiritual, de modo que no se sienta frustrado si las cosas no cambian de la noche a la mañana. Los buenos comienzos significan buenos finales, por lo tanto, ¡vigile sus comienzos!

Manténgase "en casa" el primer año en su nuevo campo de labor. Una vez que se haya establecido en el ministerio, una y otra vez tendrá oportunidad de ministrar en otros lugares. Pero no se convierta en orador visitante en su propio púlpito.

Conozca a los demás pastores del lugar. Algunos de ellos se convertirán en sus amigos más cercanos y seguirán siendo sus amigos después de que usted deje ese campo. Sea amable con todos, aun con las personas con las que no está de acuerdo. Quizá no quiera invitarlos a predicar en su púlpito, pero no los excluya de su amistad y de sus oraciones.

Siento que Dios me ha llamado a cierta iglesia, pero hay cosas acerca de la obra que es muy necesario cambiar. ¿Cómo debo hacer esos cambios?

Los pastores que sienten que tienen que estar de acuerdo con todo en el programa de la iglesia antes de aceptar un llamado están condenados a desengaños y derrotas en el ministerio. Por supuesto, tiene que haber acuerdo en la doctrina y las normas básicas, pero no es necesario que sintamos que todo tiene que hacerse a nuestra manera antes de que Dios pueda bendecir. Muchos buenos pastores le dirán que después de años de ministerio en una iglesia ciertas situaciones y normas todavía no han cambiado; sin embargo han podido ministrar con bendición.

El agente de cambio exitoso tiene que tener autoridad, talla moral, estrategia, fe, y paciencia. A usted le fue dada autoridad cuando la iglesia lo llamó y lo instaló como su pastor, pero ministrar únicamente sobre la base de la autoridad es *manejar* el rebaño, no *guiarlo,* y cuando las ovejas son manejadas, se llenan de temor y empiezan a dispersarse. A usted le fue *dada* la autoridad como líder pero como un buen siervo tiene que *ganarse* la talla moral y el corazón de su gente. Phillips Brooks ha dicho que un ministro del evangelio tiene que ser predicador para tener autoridad y pastor para tener compasión, y tenía razón. El pastor amoroso eventualmente gana la talla moral necesaria para guiar con buen éxito al rebaño.

Comience con el establecimiento de un ambiente de amor y confianza. Esto lleva tiempo, oración, y una gran porción de sacrificio. Si usted es siervo del pueblo por amor a Cristo, pronto se volverá su líder. Como mencionamos anteriormente, es importante que se haga respetar; lo cual implica amor, tiempo, y dolor ocasional.

Edifique su estrategia conforme lo dirija el Señor. Sin estrategia, usted no sabe dónde está yendo o cómo reaccionar ante la oposición, que sin duda vendrá. Distinga entre sus propios deseos favoritos y las verdaderas necesidades de la iglesia. Si usted hace cambios sólo para satisfacerse a sí mismo, es egoísta y tiene poca visión para el futuro. Los cambios deben hacerse para que la iglesia sea más espiritual y para mejorar el ministerio de la congregación. El cambio por el hecho de cambiar es novedoso, y no se puede edificar una obra sólida con novedades. Tampoco puede darse el lujo de experimentar constantemente. Como sugerimos anteriormente, tenga una lista de prioridades y guíese por esa lista. Haga lo menos posible de cambios, y asegúrese de que sean básicos y no sencillamente cambios superficiales. También, asegúrese de que sean bíblicos.

A menudo es buena política pedir a la iglesia que pruebe ciertas cosas por algún tiempo. Si la prueba resulta, bien; si no, no se ha perdido nada. La gente generalmente acepta probar algo si no se compromete de por vida. Somos criaturas falibles y es posible que hasta el líder más consagrado cometa un error.

El debido tiempo es importante, de modo que tenga paciencia. Intente "orden en medio del cambio y cambio en medio del orden" (Alfredo North Whitehead). Recuerde que esta haciendo cambios por el bien del ministerio, no para la gloria del ministro.

Gánese primero la confianza de los hermanos, presente sus planes diciendo "debemos" o "quizá deberíamos" más bien que "ustedes deberían" o "Dios me dijo", y cuídese de dar la impresión de que usted tiene una vara larga. Si las ovejas son alimentadas, pueden ser guiadas; pero a las ovejas no les agrada ser empujadas.

¿Cómo puede el pastor llegar a ser el líder de la iglesia?

Los pastores llegan a ser líderes al aceptar su llamado con humildad y al usar su oficio para el bien de los demás y para la gloria de Dios. La iglesia no hace que el pastor sea el líder; Dios lo hace (2 Co 4:5). El Señor Jesucristo fue un gran pastor: "Y cuando ha sacado fuera todas las propias, va delante de ellas; y las ovejas le siguen, porque conocen su voz" (Jn 10:4).

Lea 1 Pedro 5 y Juan 13:17, y deje que estos principios de liderazgo espiritual impregnen su alma. Dirigimos al amar con humildad a los hermanos, sin exigir lo que queremos y sin obligarlos a que obedezcan. Guiamos dando el ejemplo. Hemos oído acerca de pastores que en la primera sesión anuncian que los estatutos de la iglesia están siendo puestos de lado y que el pastor se convertirá en los estatutos. Como el doctor E. K. Bailey solía decir: "Lo único que cambiarán es su dirección." Los fariseos eran más duros con la gente que consigo mismos, pero no así el pastor del Nuevo Testamento. Antes de predicar, tenemos que poner en práctica lo que predicamos.

Nosotros guiamos mediante la Palabra de Dios y la oración. Cuando las ovejas están alimentadas, por lo general siguen alegremente. Guiamos a través del servicio sacrificado (lea Fil. 2), pagando un precio. John Henry Jowett dijo que el ministerio que no cuesta nada, nada produce. Tenía razón.

Guiamos "en tiempo y fuera de tiempo". En nuestras conversaciones personales y amables con nuestra gente, como también en las sesiones de la iglesia, mostramos que somos confiables, que no discutimos, y que podemos prestar oído a los demás sin interrumpir. ¡Si el Señor lo dirige, la conversación informal con un miembro con quien se encuentra en el supermercado puede surtir más efecto que el sermón del domingo siguiente!

Guiamos al cargar con la responsabilidad y al cumplir fielmente nuestra labor, aceptando mucho más la culpa que las alabanzas. Llegar antes de tiempo a las citas, tener siempre una agenda, dar crédito al que lo merece, y admitir los errores son maneras de ganar el respeto de los hermanos.

Es necesario que los pastores recordemos que nuestra gente ha tenido diversas experiencias con pastores anteriores, y algunas de esas experiencias pueden haber dejado heridas. Algunos miembros de la iglesia serán precavidos cuando se trata de aceptar y seguir a un nuevo pastor. Es aquí donde se practica la paciencia y el amor.

¿Cómo se sabe que uno por fin está asumiendo el lugar de liderazgo espiritual que desea tener?

Una de las cosas que uno nota es que la "maquinaria" de la iglesia empieza a funcionar sin mayores problemas y complicaciones. Todavía habrá oposición – y la oposición legal tiene su lugar en un gobierno congregacional–, pero ésta no será una amenaza. Los hermanos estarán abiertos a sus sugerencias. Es una buena señal cuando los miembros de la iglesia sienten que tienen la libertad de estar en desacuerdo con su pastor, cuando lo hacen con un buen espíritu. Usted empezará a sentirse a gusto en el trabajo administrativo de la iglesia. Empezará a comprender lo que piensan y sienten sus líderes, y será más capaz de trabajar con ellos. Al mismo tiempo, ellos tendrán una idea más clara de sus planes y su estilo de liderazgo, y estarán ansiosos de prestar atención a lo que usted dice y de trabajar con usted.

El privilegio del liderazgo nunca debe ser explotado para ganancia personal. La autoridad siempre se debe ejercer para el bien de la iglesia y para la gloria de Dios. "El jefe es siervo de todos", dice un dicho africano. Jesús dijo: "El que es el mayor de vosotros, sea vuestro siervo" (Mt. 23:11). A medida que usted desarrolla sus dones de liderazgo, tendrá más oportunidades de dirigir. Dios no quiere que usted o la iglesia estén inactivos; así que, con mayor liderazgo vendrán mayores oportunidades para el ministerio. Las nuevas oportunidades traerán nuevas exigencias, nuevos retos, y nuevos problemas; pero esto es mucho mejor que encarar constantemente los mismos problemas y no lograr nada. Si cada agenda de la junta directiva es sencillamente una copia de agendas anteriores, algo anda muy mal. Las iglesias que crecen y están en onda se enfrentan a nuevos retos nuevos y problemas.

Vaya a la librería o biblioteca más cercana y busque libros acerca del liderazgo ejecutivo y temas relativos a esto. A veces el mundo es más sabios en estas cosas que los hijos de la luz, pero equilibre las ideas de los hombres con la sabiduría de Dios. El libro de Nehemías muestra a un verdadero líder que llevó a cabo una gran obra, y 2 Corintios le revela lo que sentía el apóstol Pablo frente a los problemas en la iglesia de Corinto. Lea Santiago 3:13–4:17 para ver dos clases de sabiduría que pueden dirigir la obra en una iglesia local. Solamente la sabiduría de Dios es aceptable.

¿Cuán importante son los estatutos de la iglesia? ¿Cuál es la mejor manera de hacer cambios en los estatutos que apoyan un ministerio que no está a la par con lo que Dios quiere hacer?

Todo debe hacerse decentemente y con orden. El propósito principal de los estatutos es asegurar el orden. Muchas iglesias son incorporadas, y por ley requieren de estatutos y una serie de reglamentos. Pero aunque una iglesia no esté legalmente incorporada, necesita de pautas en su organización, de no ser así, sus actividades producirán caos.

Algunas iglesias equivocadamente piensan que una serie de buenos estatutos hacen una buena iglesia. Tratan de cubrir toda emergencia y necesidad posible y así crean un monstruo. Los estatutos son las rieles en las que rueda el tren; no es el vapor en la caldera. Un pastor bien conocido aceptó el llamado de una iglesia famosa bajo la condición de que "pongan a un lado los estatutos durante un año y usen sólo la Biblia para gobernar a la iglesia". Sin embargo, el pastor promedio probablemente no tiene la capacidad que tenía ese hombre; de modo que es mejor que aprenda a vivir bajo los estatutos hasta que sea capaz de hacer los cambios que deben ser hechos.

Los estatutos no hacen que la iglesia sea espiritual como tampoco los Diez Mandamientos hicieron espiritual al pueblo de Israel. El legalismo siempre es peligroso, particularmente en aquellos grupos que quieren tener normas altas para su iglesia. Agregar o borrar artículos en los estatutos nunca cambiará a la iglesia. Los cambios pueden mejorar o impedir la organización de la iglesia, pero nunca pueden cambiar el corazón de los miembros. Únicamente Dios puede alimentar la espiritualidad por medio del Espíritu y su Palabra.

No deje de leer cuidadosamente los estatutos de la iglesia antes de aceptar el pastorado. Si tiene problemas con algunos de los artículos, discuta el asunto libremente con el directorio. A veces es cuestión de interpretación más bien que de principio. Si Dios lo guía a asumir el pastorado de cierta iglesia, acepte y respete los estatutos; pero empiece a orar y a planificar los cambios que usted siente que son realmente importantes. Asegúrese, sin embargo, de que esté operando desde una posición de liderazgo antes de sugerir algún cambio, y dé a los hermanos la oportunidad de orar y pensarlo bien. Si sus prédicas y su labor pastoral han producido un ambiente de amor y confianza, la iglesia con gusto considerará sus ideas. Asegúrese de poder respaldar sus sugerencias con los principios de la Palabra; pero espere encontrar algunos miembros que sienten que los estatutos son tan inspirados como la Biblia. Más aun, los miembros de la iglesia a veces sienten que los pastores quieren alterar los estatutos de la iglesia sólo porque buscan más poder y desean "manejar" a la iglesia a su manera. A veces esto es cierto, pero no debe ser así en su ministerio.

Si una iglesia vez tras vez tiene que votar respecto de nuevos artículos, los miembros acaban frustrados, bajo la carga de todo el asunto. Dedique tiempo para leer y asimilar cada uno de los estatutos, decida juntamente con los líderes los cambios necesarios, y encárguese de hacer todos los cambios de una vez. Gobierne cristianamente, y no cause divisiones en la iglesia sobre asuntos que carecen de importancia. Si después de llegar a la iglesia descubre algo desagradable, algo que debía haber sabido antes de su llegada, no ventile su enojo sobre la iglesia. Entregue el asunto a Dios; ore acerca de ello, y a su tiempo, discútalo con sus líderes.

En cualquier forma de gobierno de una iglesia, el pastor debe ser el líder espiritual de la congregación. Esto se observa en 1 Pedro 5:1-3; Hebreos 13:7; 1 Tesalonicenses 5:12; y 1 Timoteo 3:5. Hay muchos aspectos dentro de la organización de la iglesia en que hombres y mujeres dotados ejercerán mejor liderazgo que el pastor, pero el rebaño debe estar bajo la dirección del pastor. Esto no significa que el pastor tiene que dirigir cada culto. Nuestra experiencia en el ministerio ha sido con iglesias locales independientes donde el pastor es el moderador de la mayoría de los cultos; pero reconocemos que un laico dotado podría ser moderador sin usurpar las responsabilidades o la autoridad dadas por Dios al pastor. Si su convicción es que el pastor siempre debe presidir, y según usted la iglesia tiene otro arreglo, entonces le debe a la iglesia y a sí mismo examinar con cuidado el asunto. Usted puede causar una constante fricción a no ser que haya algún entendimiento mutuo.

No me gustan las sesiones. Como se requiere que yo asista a las reuniones de los comités, ¿qué puedo hacer para tener una mejor actitud hacia esa parte de mi trabajo?

No cometa el error de considerar algunas partes de su trabajo como "espiritual" y otras partes "organizativas" o "administrativas", porque no hay tal división.

No importa a qué clase de reunión esté asistiendo, sea un culto de oración o una sesión, usted está pastoreando a la iglesia. Una vez que comience a asumir más de una responsabilidad (pastor y administrador), ¡tendrá doble dolor de cabeza!

La iglesia es una organización, pero la iglesia también es un organismo; y si un organismo no está organizado, morirá. El ejemplo de Pablo en Hechos y sus enseñanzas en las epístolas indican que él establecía iglesias locales en una forma organizada. Cuando la organización se convierte en un fin en sí y no un medio hacia un fin, entonces la iglesia se ha vuelto constitucional y empieza a morir. La organización es a la iglesia lo que los andamios son para un edificio en construcción: ayuda para hacer el trabajo.

Así pues, su primer paso es obtener la debida perspectiva respecto de las sesiones que tienen que ver con el manejo de la importante "maquinaria" de la iglesia. Considere a esas sesiones como oportunidades de pastorear a sus líderes y ayudarles a crecer espiritualmente. Nunca asista a una sesión con cara larga, como alguien que espera su ejecución. Vaya a la sesión en la plenitud del Espíritu y con un deseo de aplicar la Palabra de Dios a situaciones de la vida. A veces usted hará más bien en la vida de un miembro con lo que diga en una sesión que lo haría con un mensaje desde el púlpito. Las funciones organizadoras de la iglesia son oportunidades para que usted ponga en práctica lo que predica, y tal vez eso es lo que las hace parecer tan horribles.

Mantenga una relación cercana con sus líderes claves. Su ministerio personal hacia ellos como pastor y amigo servirá para establecer relaciones saludables en cultos públicos. Esto no significa que usted debe tratar de politizar fuera de las sesiones, porque tal práctica es necia. Sí significa que debe desarrollar una relación cordial con sus líderes para que puedan discutir asuntos e incluso estar en desacuerdo sin volverse enemigos.

A algunos pastores les agrada pasar un día con los directivos de la iglesia en sus lugares de trabajo, sólo para tener una idea de lo que hacen y a lo que se enfrentan cada día.

Es un arte de presidir una sesión. Lamentablemente, algunos líderes nunca han tenido la oportunidad de aprender esto, de modo que enséñeles gradualmente. Hágales recordar que una buena sesión siempre comienza a la hora, tiene una agenda, mantiene su objetivo, y termina a la hora. "El trabajo se expande para llenar la cantidad de tiempo disponible para ello." Dé a un comité promedio tres horas para una sesión y sus miembros consumirán las tres horas. Deles treinta minutos y probablemente podrán llegar a las mismas conclusiones en treinta minutos. Lleva tiempo, pero a los líderes se les puede enseñar cómo realizar una buena sesión y a llegar a las debidas conclusiones. Pero no corrija en público si no fuera absolutamente necesario. Hable en privado con las personas que causan problemas; ellas apreciarán ese gesto.

G. Campbell Morgan siguió una política de "el mínimo de organización para un máximo de trabajo". Vale la pena que examine su estructura organizacional por lo menos una vez al año (algunas iglesias tienen esto estipulado en sus estatutos) para ver si puede retirar algunos de los andamios. No se apresure en establecer nuevos comités; válgase de las organizaciones existentes mientras éstas den buen resultado.

La oración lubrica la maquinaria de la iglesia. Ha sido nuestra experiencia que las sesiones (y su duración) disminuyen a medida que aumenta la oración. No deje de reunirse en forma regular con los líderes de la iglesia para orar juntos. Oren por necesidades específicas en la iglesia y los planes que tienen para el futuro. Usted se sorprenderá de lo que hará el Espíritu Santo.

Lleva tiempo hasta que un pastor se familiarice con el funcionamiento de la iglesia. También lleva tiempo para cualquier pastor desarrollar aptitudes de liderazgo. No permita que los errores o sufrimientos del pasado le impidan tener un ministerio feliz ahora. Tenga cuidado con ese reflejo condicionado que muchos pastores experimentan cuando sus ideas son rechazadas. Aprenda a perder con gracia y busque decisiones que ganen aprobación. Posiblemente, algún miembro de la junta se acuerde de su idea, piense en ella, la presente en una futura sesión como idea propia de él . . . ¡y será aceptada! No hay límite a lo que puede realizar un pastor si no le importa quien recibe el crédito. Si Dios lo ha dirigido a la iglesia y le ha dado el cargo de cumplir ciertas cosas, entonces Él lo ayudará a seguir adelante si usted solamente es amoroso y paciente. Es cierto que perderá algunas batallas, pero eventualmente ganará la guerra.

Debido a ciertos problemas y escándalos del pasado, la iglesia que pastoreo tiene mala reputación en nuestra comunidad. ¿Qué puedo hacer para restaurar el buen nombre de la iglesia?

Gracias a los medios de comunicación, la cobertura de las noticias es más rápida y más amplia, cosa que encanta a la gente que disfruta al revolcarse en noticias escandalosas. Lamentablemente, estamos viviendo en un tiempo de reproche religioso y la gente es sospechosa y crítica de los que están haciendo los ministerios y las iglesias. Cuando el escándalo golpea un ministerio local y son conocidos los hechos, duele aún más. Sea un buen siervo de Cristo en la comunidad y la gente se dará cuenta de ello. De hecho, probablemente agradecerán que usted esté allí, porque una iglesia de mal nombre es un caso vergonzoso. La gente buena de su comunidad lo respaldará si usted sirve fielmente, así que iánimo! Algunas personas lo admirarán por asumir una misión tan dura y apoyarán silenciosamente su trabajo.

Averigüe cuánto del pasado sigue persistiendo en la iglesia. Tenga mucha paciencia con las personas que tienden a causar problemas y "quite el veneno con oración". Pida a Dios que le ayude a establecer un ambiente tierno y afectuoso en la iglesia, porque "el amor cubrirá multitud de pecados" (1 P. 4:8; vea también Pr. 10:12). Pronto se esparcirá la noticia de que algo nuevo y emocionante está ocurriendo en la congregación, y el contraste será una buena propaganda para usted.

En los cultos públicos y en las sesiones oficiales, anime a los hermanos a tener una actitud positiva respecto de su iglesia. "Olvidando ciertamente lo que queda atrás" (Fil. 3:13) debiera ser el lema de la congregación. Conforme enseñe la Palabra, eso limpiará y renovará a los hermanos. Lo hemos dicho antes: sea paciente y permanezca en oración, otorgándole a Dios el tiempo de obrar.

Finalmente, use la propaganda con juicio. Los avisos en los periódicos harán saber a la gente que la iglesia sigue ministrando y que ha comenzado una nueva era. Asegúrese de que nada negativo jamás aparezca en su material impreso, en especial el boletín de la iglesia. Otras personas leen las publicaciones de la iglesia y a algunas les agrada hablar de lo que leen. No dé ninguna munición al enemigo.

Ofrecer sanidad espiritual a un cuerpo eclesiástico enfermo es un gran reto, ipero qué gozo es cuando vuelve la salud y el cuerpo comienza a crecer! Esto requiere amor, paciencia, oración, y un ministerio sólido de la Palabra. Establezca en su mente que usted se quedará allí hasta que se haya restaurado el buen nombre de la iglesia. Si ésta cambia de pastor demasiado pronto, puede llevar a una total derrota. "¿Qué, pues, diremos a esto? Si Dios es por nosotros, ¿quién contra nosotros?" (Ro. 8:31).

Crecí en la ciudad, pero estaré pastoreando una pequeña iglesia en una zona rural. ¿Qué necesito saber para hacerlo bien?

Primeramente, no minimice la importancia del ministerio rural. Nuestros pueblos y ciudades pequeñas son algunos de los campos misioneros más grandes del mundo de hoy. Si un misionero debe buscar pequeños pueblos esparcidos en alguna zona primitiva, ¿por qué no pudiera un pastor ministrar en un pequeño pueblo de nuestra patria? A los ojos de Dios, no hay iglesia pequeña, ¡y no hay grandes predicadores!

En términos generales, el estilo de vida rural es distinto al de la gran cuidad, aunque la forma de vida de la ciudad se está introduciendo en la vida de campo. La gente del campo generalmente es más tranquila, más paciente, y más seria que la gente de las ciudades. Dedican tiempo a llegar a conocerse. Miran por debajo de la superficie. Mayormente, aceptan al pastor que es sincero y cariñoso no importándoles donde creció.

Las iglesias rurales resisten la presión y la promoción de poderes. Usted querrá estudiar los hábitos de la gente y tratar de comprender su forma de pensar, ya que eso es una demanda en cualquier situación. No intente conformar el programa rural con el de la ciudad. La gente de los pueblos pequeños viven cerca de la tierra y las temporadas, y usted debe hacer lo mismo. Lo que hace la iglesia tiene que encajar en el horario del trabajo diario de los miembros y no con las ideas del pastor.

La gente a veces vive a muchos kilómetros el uno del otro, y cuando vienen a la iglesia, quieren tener tiempo para confraternizar. Su propio programa de visitas debe tomar en consideración estas distancias.

Mientras que en la ciudad usted puede hacer visitas cortas en los apartamentos; en el campo, los hermanos querrán que se quede un rato a charlar. Y probablemente querrán que su cónyuge lo acompañe en las visitas. Lo invitarán a compartir su mesa, y usted podrá aprovechar la oportunidad de aprender acerca de ellos y también hacer obra pastoral.

El ministerio en una pequeña comunidad tiene ventajas y desventajas. A veces una o dos familias (generalmente casados entre sí) controlan una iglesia y el pastor tiene que verse con estos "bloques de poder". Pero eso puede ocurrir en cualquier iglesia. Todos saben lo de todos, y el pasado no se olvida fácilmente. Un pequeño pueblo ha sido definido como "un lugar donde no hay mucho que ver pero donde hay mucho que oír". Las tradiciones se mantienen tenazmente, pero esto también ocurre en las iglesias de la ciudad. No obstante, con frecuencia el nuevo pastor descubrirá un núcleo de hermanos consagrados al Señor que lo amarán, lo animarán, y lo harán sentirse contento de estar con ellos.

Al principio de su ministerio, busque conocer las costumbres para los entierros y las bodas. Aprenda esto al hablar con las personas más antiguas del lugar y al escuchar sus conversaciones. Interésese genuinamente, y su vida será enriquecida.

Dé a la congregación lo mejor de usted; aliméntela con el trigo más fino. Nunca juzgue su ministerio por la cantidad de gente que se presenta, aunque sí quiere que la obra crezca. En muchas zonas rurales no son muy grandes las posibilidades, pero esto no debe llevarlo a hacer menos que lo mejor. En especial, llegue a conocer a los niños y a los jóvenes, ¡y aun el nombre de los perros! Muchos de los jóvenes tal vez se mudarán a la ciudad cuando sean mayores, de modo que minístreles mientras tiene la oportunidad. Los que se casan y se quedan, deben tener la oportunidad de participar en el ministerio de la iglesia. A los que se mudan hay que animar a que se afilien a buenas iglesias en las ciudades.

Nunca dé la impresión de que está sirviendo a la iglesia hasta que se presente algo mejor. Dedíquese de corazón a servir a estos hermanos en Cristo, y si Dios abre otra puerta, usted estará listo a entrar en un nuevo ministerio. En los años venideros estará agradecido por la oportunidad que Dios le dio de establecer sus raíces espirituales en una zona rural.

NOTAS

REFLEXIONES

PUNTOS DE ACCIÓN

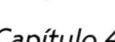

Capítulo 4

LA ORGANIZACIÓN DE LA IGLESIA

¿Hay un modelo bíblico para la organización de la iglesia?

C ualquiera que con corazón abierto estudia la historia de la iglesia tiene que confesar que Dios ha usado y bendecido a personas en casi cada forma de gobierno eclesiástico: congregacional, presbiteriano, episcopal, metodista, bautista, pentecostal. La reorganización de su iglesia no es una garantía de que Dios enviará un avivamiento.

Hechos 6:17 indica que la iglesia primitiva era congregacional en su organización, pero que respetaba el descuido de los líderes espirituales. Primera a Timoteo 3 indica que los líderes de la iglesia eran obispos (supervisores) y diáconos. Una comparación con Hechos 20:17 y 28 sugiere que los términos *obispo* y *anciano* son sinónimos y que son equivalentes a "pastor". Algunas iglesias tienen al pastor como el líder de la congregación, a los ancianos como líderes espirituales juntamente con él, y a los diáconos como funcionarios que manejan la operación financiera y física del ministerio. Si la iglesia es incorporada, la ley generalmente requiere que haya un consejo administrativo.

Sean cuales sean los funcionarios que usted escoja y los que lo llame ya tengan definidos, lo cierto es que la iglesia tiene que tener un liderazgo. Sin embargo, la organización de la iglesia no debe convertirse en un sustituto de la obra del Espíritu en la iglesia. Ha dicho A. W. Tozer: "Si Dios quitara al Espíritu Santo del mundo, casi todo lo que hace la iglesia seguiría su curso y nadie notaría la diferencia." Esto da qué pensar. La organización debe ser una bendición, no una carga, y un medio de poder llevar a cabo el trabajo, no un impedimento. El tamaño de la congregación determina la cantidad de organización que necesita la iglesia.

Acepte la organización como usted la encuentra. Si el Señor lo convence de aspectos que no siguen las Escrituras, discuta el asunto con sus líderes claves y deles tiempo para orar y reflexionar. Pero no tenga la idea de que cierto tipo de organización automáticamente se gana la bendición de Dios. Dios bendice a los hombres, no a la maquinaria.

¿Qué hago para conseguir y preparar líderes en la iglesia?

Predique fielmente la Palabra, porque la Palabra alimenta y equipa a los santos a hacer la obra del ministerio. (2 Ti. 3:16, 17; Ef. 4:11-12). La Palabra también cierne a la gente. Respalde sus mensajes con oración, y ore por los hermanos mencionando a cada uno por su nombre. Jesús nos ordenó incluir en nuestras oraciones el pedir obreros para su mies (Lc. 10:2).

Generalmente no es prudente poner avisos para buscar obreros. A menudo se presentan los raros, y entonces tiene que buscar algo que ellos puedan hacer. Calladamente, observe a la congregación y Dios lo dirigirá. Si usted piensa que un miembro tiene potencial, pruébelo en algo pequeño (Mt. 25:21) y deje que demuestre su valía. Lleve a algunos hermanos con usted en las visitas y vea cómo ministran en los hogares. (Esta también es la mejor forma de preparar ganadores de almas.)

Cuando usted reta a los hermanos a llenar un cargo, dígales que la tarea será exigente y que requerirá disciplina espiritual. Las personas capaces responden a un reto por más difícil que sea. La gente de menos capacidad sencillamente disfruta de tener un cargo y de actuar como si fueran importantes.

Muchas iglesias han usado en forma efectiva hojas con encuestas de "dones espiritual" e "inventarios de trabajo" que tienen una lista de oportunidades de servicio. Recuerde, hay muchos dones espirituales fuera de enseñar y predicar.) Cada nuevo miembro debe recibir una copia del inventario, y no sería malo hacer una encuesta a todos los miembros una vez por año. Hay libros de adiestramiento en liderazgo que se pueden obtener de varias editoriales evangélicas, de modo que consulte con su denominación o con su librería cristiana local.

Seleccione con sumo cuidado a ciertas personas entre sus congregantes y adiéstrelos (2 Ti 2:2), y ellos a su vez podrán posteriormente ayudarle a adiestrar a otros. Este plan lleva tiempo, pero al final se multiplican los líderes en la iglesia. No se sorprenda si varios de estos líderes son llamados al servicio cristiano, regocíjese en el hecho que su ministerio será multiplicado.

¿Cómo se puede destituir a los obreros y líderes que no cumplen su función?

Este es un campo que exige mucha oración y paciencia. Muchas iglesias carecen de líderes dedicados y el destituir obreros que tienen voluntad, aunque sean incompetentes, parece ser suicidio. Pero tenga en mente que nos reproducimos según nuestra imagen. Un mal maestro puede crear en su clase una docena de miembros problemáticos o maestros igualmente no cualificados. ¿Qué podemos hacer?

Primeramente, siempre busque la excelencia en su ministerio y anime a sus obreros a buscar la excelencia. Establezca un ambiente de excelencia y dentro de poco algunos de los incompetentes se sentirán incómodos.

En segundo lugar, facilite que los hermanos puedan renunciar o cambiar de ministerio. A muchas iglesias les ayuda examinar una vez al año a sus líderes nombrados para ver si alguno quiere tomar un año de vacaciones o cambiarse a otro departamento. ¡Es sorprendente lo que ocurre con una maestra cuando se libra de un confinamiento de veintiún años en la guardería! Es mejor juntar a un par de clases y darles un maestro que disfruta de su trabajo y lo hace bien, que dejar que una clase sufra con un maestro descontento.

Empiece un programa de adiestramiento colocando maestros asistentes en cada sección. A los asistentes se les debe dar en forma regular la oportunidad de enseñar, y el maestro debe colaborar con el adiestramiento de su asistente. A menudo un mal maestro sentirá que está fuera de lugar y querrá entregar la clase al asistente. Asegúrese de que esas transiciones se hagan sin competencia o sin avergonzar a la persona.

Cuando usted siente que su propio liderazgo es seguro, sugiera normas definidas para maestros y obreros. Por supuesto, tenga cuidado de no estar imponiendo un código farisaico; pero no tiene nada de malo tener normas bíblicas para los que dirigen el ministerio de la iglesia. Una clase de adiestramiento de liderazgo o una clase de adiestramiento de maestros también es valiosa, en especial si su código requiere que todos los futuros líderes se gradúen del curso.

Trate de colocar a los nuevos conversos y a los nuevos miembros en comités o salones de clase apenas estén preparados. El problema común es que algunos antiguos miembros no quieren dejar sus lugares. En algunos casos, una renuncia (o un funeral) parece ser la única respuesta, aunque pensamos que no es prudente orar que alguien se muera. Preséntelo al Señor en oración y pida que Él maneje cada caso a su manera y en su tiempo.

Es importante que conozca personalmente a sus líderes antes de empezar a usar la cirugía. Cuanto mejor comprenda la vida y el hogar de ellos, tanto mejor sabrá por qué parece que no encajan, y adónde puedan desempeñarse mejor. Ante todo, no intente sacar a los líderes sencillamente porque no están de acuerdo con usted. Averigüe por qué no están de acuerdo; pueden tener alguna razón justificada que a usted se le ha escapado. Por supuesto, tiene que poner en su lugar a un alborotador persistente (Tito 3:10-11).

¿Hay un modelo bíblico para la economía de la iglesia, y hasta que punto debe involucrarse el pastor?

El plan bíblico parece ser que los creyentes den sus diezmos y ofrendas al Señor en las asambleas locales. La primera carta a los Corintios 16:1-3 trata de una ofrenda especial a los pobres, pero los principios son los mismos. La segunda carta a los Corintios 8 y 9 es un gran pasaje de estudio del tema de la economía de la iglesia. Usted notará que las ofrendas se daban en la iglesia (8:1), en proporción (8:10-15), y eran manejadas honestamente (8:16-24). La debida manera de ofrendar trae bendiciones a los demás (9:1-5), bendiciones al dador (9:6-11), y gloria a Dios (9:12-15). El énfasis en estos capítulos está en la gran bendición del dar (8:1, 6-7, 19; 9:8).

Si las ovejas son bien alimentadas, pueden ser ordeñadas y trasquiladas. Algunos pastores se olvidan de que el pastor de ovejas bíblico tenía su rebaño por su lana y su leche y para reproducción, y no necesariamente por su carne. Es trágico para una iglesia cuando el pastor constantemente "masacra" a las ovejas. Cuando el pueblo de Dios recibe una dieta balanceada de alimento espiritual y servicio voluntarioso, con gusto dan su ofrenda. Una nota de precaución: el pastor no debe tratar de averiguar cuánto da cada miembro. Esos informes deben mantenerse en forma confidencial y es mejor que el pastor no sepa lo que contienen.

Es nuestra convicción que a los hermanos se les debe enseñar a ofrendar en su iglesia local y a través de ella. Es desafortunado que estos días haya mucha competencia por el dinero de los creyentes. Si cada uno diera fielmente a su propia iglesia local, habría "suficiente pan y por demás" para el ministerio local y para compartir con otros ministerios. Un pastor no puede forzar a los hermanos a cierto modelo de dar ofrendas, ni debe intentarlo. Pero es desafortunado cuando los miembros de la iglesia envían el dinero de Dios a todo el mundo pero no apoyan a su propia iglesia. Oswaldo Smith ha dicho: "La luz que brilla a más distancia brillará con más claridad en casa." Gálatas 6:6 nos enseña que los creyentes deben compartir bendiciones materiales con los que les ministran en asuntos espirituales.

Lucas 16:1-12 indica que hay una relación definitiva entre cómo un siervo de Dios maneja las cosas espirituales y las materiales. Más de un ministerio ha dado mal testimonio y ha arruinado su ministerio por manejar mal la economía. Esto explica por qué Pablo tuvo mucho cuidado de tener consigo a mensajeros de las iglesias cuando llevó los donativos a los santos en Jerusalén (2 Co. 8:16-24). Los presupuestos, los comités de finanzas, y las auditorias pueden parecer molestias, pero son maravillosos salvaguardas contra la acusación de que el pastor no procede honradamente con los fondos de la iglesia. En estos asuntos, el pastor debe trabajar muy de cerca con los directivos. Si el pastor no se preocupa de los aspectos económicos de la iglesia, es dudoso que los miembros lo hagan.

Haga lo que haga, no insista en hablar del dinero. El pastor que además es un predicador expositivo, que guía a la congregación a los pastos verdes de la Palabra, tendrá muchas oportunidades de enseñar acerca de la mayordomía cristiana. Evite hablar desde el púlpito de su propia situación económica. Oímos acerca de un pastor que se quejó durante un sermón porque tuvo que sacar dinero de su cuenta de ahorros para comprarse un terno nuevo. Muchos de sus oyentes ni siquiera tenían una cuenta de ahorros.

Es muy prudente realizar una clase de orientación para los que quieran afiliarse a la iglesia. En esa clase se puede hablar de las necesidades económicas de la iglesia y enseñar a los nuevos conversos y futuros miembros los principios bíblicos de las ofrendas. No pase por alto la posibilidad de que los miembros incluyan a la iglesia en su testamento. Hable con un experto en mayordomía criatiana para ver si puede dirigir en la iglesia un taller sobre el tema.

J. Hudson Taylor tenía razón: cuando la obra de Dios se hace a la manera de Dios, para la gloria de Dios, nunca le faltará la provisión de Dios. Dios no tiene la obligación de pagar por nuestras intrigas egoístas. Él tiene la obligación de apoyar a su ministerio.

¿Es justo que la iglesia tenga una cuenta de ahorros cuando hay tantas necesidades que satisfacer en la localidad y en los campos misioneros del mundo?

No va en contra de las Escrituras el ahorrar dinero o ganar intereses. De hecho, la parábola de Cristo de los talentos está basada en este tema. Tampoco es erróneo que una iglesia haga planes para el futuro, a no ser que ésta se convierta en una asociación de construcción y préstamo y se vuelva tan obsesionada con el dinero que pierda de vista sus valores espirituales (Ap. 3:17). En realidad, la iglesia que ahorra dinero y gana intereses a la larga no tendrá que tomar un préstamo.

Tratándose de las necesidades misioneras, éstas deben satisfacerse conforme el Señor guíe y provea; pero en ningún lugar la Biblia dice que descuidemos la obra en casa para construirla en otro lugar. Muchas juntas misioneras tienen cuentas de ahorros para las expansiones en el futuro. El uso cuidadoso del dinero es un ministerio espiritual (Lc. 16:1-12) y Dios espera que seamos buenos administradores de lo que Él nos da.

El motivo y el propósito son la clave. Si tiene las mejores intenciones y el propósito está dentro de la voluntad de Dios, entonces una cuenta de ahorros puede ser una bendición. Sería bueno que las iglesias tengan disponible un fondo para cualquier eventualidad. ¡El colapso del sistema eléctrico podría frenar el ministerio por un tiempo! Es mejor tener un fondo para emergencias a la mano que solicitar ayuda cuando se presente la crisis.

Algunas iglesias incluyen en su presupuesto anual una cantidad fija para ser utilizada únicamente en casos de emergencia en la obra misionera. El fondo es controlado por el pastor, la junta, y el comité de misiones, de modo que no es necesario tener una sesión de iglesia para la aprobación. Si un misionero necesita una operación de emergencia o tiene que viajar repentinamente, el fondo puede ayudarlo sin dañar el presupuesto total, y usted puede actuar rápidamente sin esperar la aprobación de los miembros.

Hay un ambiente legalista en nuestra iglesia, con mucho énfasis en normas y reglas. No tengo nada en contra de los principios bíblicos, pero temo que la hipocresía pueda obstaculizar el crecimiento de la iglesia. ¿Qué debo hacer?

Gilberto K. Chesterton ha dicho: "Nunca derrumbe una cerca sin saber por qué la levantaron." A menudo una iglesia se vuelve legalista para proteger su ministerio. En vez de confiar en la Palabra, la oración, y el Espíritu, las juntas de las iglesias adoptan reglas restrictivas y convierten a los pastores en policías. Con el tiempo, las reglas se consideran sagradas, aunque la situación que las creó desapareció hace mucho tiempo. Recordamos una iglesia que estableció un comité de películas porque un miembro del personal mostró una película que ellos consideraban inapropiada. Básicamente, era una junta de censura que con el tiempo no tuvo nada que hacer. Ciertamente no tiene nada de malo que una iglesia decida establecer normas bíblicas, siempre que los miembros sepan que las normas no cambiarán a nadie y que no todo el que obedece las normas necesariamente es espiritual en su corazón.

El peligro de un espíritu legalista es que está basado en el temor y genera críticas, y una iglesia que critica fácilmente se convierte en una iglesia dividida. También produce orgullo espiritual y una actitud que "nosotros somos mejores que otras iglesias".

Nos reproducimos según nuestra imagen. Un pastor crítico gradualmente produce una iglesia llena de gente que critica, ¡y más que nada criticarán al pastor! Un pastor cariñoso eventualmente producirá un ambiente de amor y aceptación. No es necesario luchar contra las reglas. Cumpla su ministerio sin hacer alarde y ame a la gente, y las reglas lentamente quedarán en el olvido. Esto no significa que bajan las normas de la iglesia, significa que se alzan las normas al dar a los miembros mayor incentivo espiritual. Pablo tenía algo de esto en mente cuando escribió Romanos 7:18-8:13.

Hay tres niveles de obediencia: temor, recompensa, y amor. El más bajo es el temor: obedecer porque tenemos que hacerlo. El siguiente nivel es la recompensa: obedecer porque sacamos algo de ello. El nivel más alto es el amor: obedecer al Señor porque amamos a Cristo y a nuestros hermanos en la fe. Los creyentes no se vuelven espirituales sencillamente por coacción desde fuera; la vibrante espiritualidad tiene que venir de la compasión interior. En 2 Corintios 3, Pablo hace contraste entre el ministerio legalista del Antiguo Testamento y el ministerio del Espíritu bajo el Nuevo Pacto. Cuando el pueblo de Dios madura en el Señor, tiene menos necesidad de reglas y reglamentos y empieza a caminar en el Espíritu y en el amor de Dios.

Nada rompe las cadenas de la tradición como la evangelización. Empiece a ganar almas, y los "bebés en Cristo" lo ayudarán a crear un nuevo y emocionante ambiente en la iglesia. Con seguridad, los escribas y los fariseos estarán sentados a un lado criticando, defendiendo sus reglas; pero ámelos de todos modos, ore por ellos, y siga trabajando.

NOTAS

REFLEXIONES

PUNTOS DE ACCIÓN

Capítulo 5

LA PREDICACIÓN

¿Es importante la predicación para el ministerio en la iglesia?

L a predicación es una de las muchas formas en que Dios difunde su Palabra, pero nosotros pensamos sinceramente que es la forma más importante. Dios proclama su Palabra en la Santa Cena y en el bautismo, como también en las buenas obras de los creyentes ("Así alumbre vuestra luz delante de los hombres . . ."). Pero nada puede tomar el lugar de la predicación de la Palabra de Dios con el poder del Espíritu, algo que conocemos como el sermón. Cuando Dios iba a presentar a su Hijo al mundo, envió un predicador llamado Juan el Bautista a preparar el camino. Gran parte de la Biblia está compuesta de mensajes transmitidos por siervos de Dios. Sea que nos agrade o no, el ámbito espiritual de la iglesia depende mucho de la predicación de la Palabra. Los miembros de una iglesia pueden tolerar debilidades en su pastor, pero si éste no les alimenta ni les enseña, estarán muy descontentos. El pastor que no cree en la importancia de la predicación, y que no se esfuerza para ser un mejor predicador, lo va a pasar mal. (Tal vez esos pastores debieran servir como asistentes y desarrollar los otros dones que Dios les ha dado.)

¿Cuántos políticos o educadores podrían lograr que las masas vayan a escucharlos semana tras semana, año tras año? No obstante, millones de personas cada semana van a la iglesia para escuchar a su pastor predicar la Palabra de Dios. G. Campbell Morgan llamó a la predicación "la obra suprema del ministerio cristiano". Es también el trabajo más duro en el ministerio si se realiza fielmente.

Aunque se requiere más que sólida predicación para edificar una iglesia fuerte, tiene que mantenerse el énfasis en esa predicación. Algunas iglesias han sido influenciadas demasiado fácilmente por la última moda secular:

consejería, dinámica de grupos, diálogo, obras dramáticas, y así sucesivamente. Estos tienen un lugar en el ministerio de una iglesia, pero ninguno de ellos puede sustituir adecuadamente la predicación sistemática y la enseñanza de la Palabra de Dios. La gente puede ser conmovida de una manera u otra por películas u obras dramáticas, música y debates, pero nunca serán transformados ni llevados a un más alto nivel espiritual sino por la proclamación de la Palabra de Dios.

Tal vez la razón principal por la que se ha criticado la predicación es el hecho de que muy a menudo es mal ejecutada y no satisface las necesidades de los oyentes. Los pastores que se pasan la semana yendo de un lugar a otro, o que viajan frecuentemente a seminarios y conferencias, pueden pensar que todas estas actividades son parte del ministerio, pero puede que no lo sea, especialmente si a última hora producen sermones sin profundidad espiritual. Estas personas están cavando su propia tumba y pueden llevar con ellos a la iglesia. La verdadera predicación es arduo trabajo. Tal vez esto explica por qué algunos pastores buscan ministerios sustitutos.

Si la predicación es importante para usted como pastor, todos lo sabrán. Su congregación sabrá que usted dedica tiempo a diario al estudio de la Palabra. Lo verán haciendo visitas y dando consejos para que esté mejor enterado de las necesidades de su gente. Los hermanos de la iglesia sentirán que usted se guía por prioridades. Más que nada, cuando lo escuchen predicar, su corazón será confortado y darán gracias al Señor de que tienen un pastor que los ama tanto que está dispuesto a dedicar mucho esfuerzo a la predicación.

La próxima vez que usted se sienta tentado a dudar de la importancia de la predicación en su ministerio, recuerde lo que la predicación de la Palabra hizo en la Europa de Martín Lutero y la Inglaterra de Juan Wesley. Piense en Jorge Whitefield y Jonatán Edwards, Billy Sunday y D. L. Moody. Y piense en sus ovejas hambrientas que vienen semana tras semana para ser alimentadas. Pablo va al grano: "Pues si anuncio el evangelio, no tengo por qué gloriarme; porque me es impuesta necesidad; y ¡ay de mí si no anunciare el evangelio!" (1 Co 9:16).

¿Qué puedo hacer para mejor mi predicación?

Mejoramos nuestra predicación (y todo lo demás en el ministerio) mejorándonos a nosotros mismos y nuestro andar con el Señor. En primer lugar, nunca esté satisfecho con su predicación, y no crea en todas las cosas halagadoras que los hermanos le dicen acerca de sus prédicas. Aunque apreciamos el ánimo que recibimos cuando el mensaje ayuda a un corazón necesitado, nunca debemos dormir sobre los laureles. Después de haber estado en el ministerio por más de un cuarto de siglo y de tener un público de miles, Charles H. Spurgeon dijo a su congregación: "Sigo aprendiendo a predicar." El predicador satisfecho nunca crecerá. Se volverá el centro de una sociedad de admiración mutua, no una fuente de poder espiritual.

Mejoramos la predicación mejorando al predicador. Phillips Brooks tenía razón al decir que la predicación es "la comunicación de la verdad divina a través de la personalidad humana" (*Lectures on Preaching* [Discursos acerca de la predicación], Nueva York: Dutton, 1977, p. 5). Dios envía gente, no ángeles, a declarar el evangelio. "Hubo un hombre enviado de Dios, el cual se llamaba Juan" (Juan 1:6). Al crecer en gracia y conocimiento y al cultivar una vida devocional satisfactoria, no podemos más que mejorar en nuestros estudios como también en nuestra preparación y entrega de mejores sermones. Los mejores cristianos se convierten en mejores predicadores y predican mejores sermones.

No tema a las críticas amables. En los comienzos de su ministerio, Spurgeon recibía una tarjeta cada semana de un oyente anónimo; en que el hombre cariñosamente señalaba los errores del predicador el día anterior. En vez de resentirse por esa crítica constructiva, Spurgeon la acogió y se benefició de ella. (En este aspecto los mensajes grabados son de ayuda, si usted aguanta escucharse predicar. Una esposa fiel también puede darle crítica constructiva.)

Escuche a otros predicadores cuando se le presentan oportunidades, no sólo predicadores famosos sino también ministros locales que aun no tienen fama. Usted puede aprender de cada persona a quien escuche, bien lo que debe hacer o lo que no debe hacer. Muchos excelentes predicadores tienen sermones grabados que usted pudiera comprar y también puede escuchar a algunos de ellos en la radio o en la televisión. (Prevención: no se convierta en el discípulo ciego de algún gran predicador. No adorarás a la grabadora, ni imitarás lo que escuchas.)

Lea buenos libros sobre la predicación y también lea sermones publicados, aunque no esté totalmente de acuerdo con las ideas del predicador. Jorge Morrison solía leer un sermón por día, escogiéndolos de diversos predicadores. Lea sermones en primer lugar para su propio beneficio espiritual, luego léalos para obtener comprensión de la técnica del predicador. No imite pero sí aprenda. John Henry Jowett confesó que cuando preparaba un mensaje a menudo se preguntaba: "¿Cómo Spurgeon hubiera tratado este tema? ¿Cómo lo hubiera tratado Alexander Whyte?" Él llamaba a esto "ver el tema a través de muchas ventanas" (*The Preacher: His Life and Work* [El predicador: su vida y su obra], Garden City, N.Y., Doran, 1912, pp. 127-128). Clasifique todos los sermones en su biblioteca para que los pueda localizar rápidamente según su texto, y dedique tiempo para leerlos y compararlos.

Tenga cuidado de promover el pasatiempo homilético. A muchos predicadores nos gusta predicar acerca de nuestros temas favoritos, y nos resistimos a abrir nuevos caminos. Pablo amonestó a Timoteo a entregarse completamente al ministerio y a meditar en la Palabra "para que [su] aprovechamiento sea manifiesto a todos" (1 Ti. 4:15). La palabra traducida "aprovechamiento" significa "avance pionero". Pablo quería que Timoteo fuera un pionero, que se dirigiera a un nuevo terreno en la Palabra y descubriera nuevas verdades para compartir con los demás.

Hay una riqueza de alimento espiritual en el uso apropiado de los idiomas originales de la Biblia. Decimos "uso apropiado" porque hay formas incorrectas de usar el hebreo y el griego. Los hermanos de la iglesia quieren el alimento, no la receta. Si los acribillamos con "cognados" y reglas gramaticales pueden perder el apetito por las cosas espirituales más profundas. Deje la cuestión académica en la oficina y lleve los resultados al púlpito. En estos días Hay muchas excelentes herramientas lingüísticas, aun para el ministro que no ha estudiado los idiomas bíblicos. Aprenda a usarlas y se desarrollará en sus conocimientos y ayudará los fieles de su iglesia a desarrollarse.

Si con toda sinceridad quiere mejorar su predicación, Dios le dará oportunidades de hacerlo. Él permitirá diversas situaciones en su vida que lo llevarán a la Palabra y la oración. Uno de los mejores lugares en que profundizarse en la Palabra de Dios es en la hoguera de la aflicción. Cuando Dios quiere proclamar un mensaje, prepara un predicador. ¡Sea usted ese predicador!

¿Puede darme algunas sugerencias para la buena preparación de mis prédicas?

Sea usted mismo, lo mejor de usted, por supuesto, pero usted: ¡una voz, y no un eco! Muchos predicadores preferimos prédicas expositoras, y se lo recomendamos de todo corazón. Pero muchos excelentes predicadores no eran expositores de la Palabra: Phillips Brooks y George W. Truett son dos ejemplos clásicos. No imite a algún gran predicador y pierda el ministerio que Dios ha planeado para usted.

Planifique su prédica. No se pase la mayor parte de la semana buscando frenéticamente algo que decir. Predique un libro de la Biblia, capítulo por capítulo, o dé una serie de mensajes sobre un tema: las oraciones en la Biblia, las parábolas, los milagros, o estudios de personajes. Es sorprendente cómo el Espíritu usa mensajes en una serie para cubrir las necesidades que ni siquiera sabíamos que existían. Sin embargo, no se convierta en esclavo de un plan. Si ocurre algo crucial, o si Dios pone en su corazón predicar otro mensaje, siga la dirección del Espíritu. En realidad, la interrupción en una serie dará mayor significativo al mensaje. Si usted sabe hacia dónde se dirige de semana en semana, podrá estar pensando en los temas que le tocarán y podrá anotar ideas en su carpeta de archivo de sermones.

Empiece la preparación con tiempo. Si está predicando de un libro de la Biblia, puede hacer su trabajo preparatorio sobre una sección más amplia de lo que tiene intenciones de predicar, y de esa forma adelantarse para las semanas subsiguientes. Empiece a principios de semana y temprano en el día. Establezca algunos plazos determinados y trate de tener el mensaje del domingo en su forma final el viernes a mediodía. Nada es más frustrante que tratar de hacer el trabajo de una semana el sábado por la tarde.

Sea sistemático. Muchos predicadores usan un portafolio de escritorio para guardar sus anotaciones mientras estudian. Usted puede encontrar estos portafolios en su librería local. Aparte una página o sección para cada mensaje. Haga sus anotaciones de lo estudiado en hojas de papel, tal vez de 7x10 cm en vez de hojas grandes. (Sugerimos que guarde todos los papeles que tengan un lado en blanco y los haga cortar en una imprenta.) Escriba sólo una idea o hecho en cada papelillo. Cuando llegue la hora de organizar sus anotaciones, todo lo que tiene que hacer es clasificar los papeles.

Empiece con la Palabra de Dios. Antes de usar los libros, concéntrese en el Libro de Dios. Primero, busque el mensaje principal del pasaje y apunte las ideas que le dé el Espíritu mientras medita y ora por luz. Consulte los idiomas originales y use varias traducciones. Después de haber hecho su propio trabajo preparatorio, vaya a los comentarios y corrija cualquier idea equivocada que puede haber tenido. Haga estas preguntas acerca del pasaje:

↘ ¿Qué dice el pasaje?

↘ ¿Qué significado tuvo para los que originalmente lo escucharon o leyeron?

↘ ¿Qué significa para la iglesia hoy?

↘ ¿Qué significado tiene para mí personalmente?

↘ ¿Qué puedo hacer para que cobre significativo para los demás?

No se pase las dos últimas preguntas. Un sermón se convierte en un mensaje sólo cuando es filtrado a través del corazón y la vida del predicador. Phillips Brooks dijo a los estudiantes del seminario bíblico que buscaran el lugar donde la verdad divina toca la vida humana, porque allí es donde está su mensaje.

Organice su material. Las predicaciones claras empiezan con pensamientos claros. Usted necesita exponer la idea central de su mensaje en una oración concisa. "La iglesia que ora experimentará las bendiciones de Dios" dice a los oyente cuál es el tema y cómo piensa desarrollarlo. Sus puntos principales deben explicar y apoyar esta "frase clave del sermón". Un bosquejo es importante porque le ayuda a comprimir su mensaje para que pueda predicar con libertad, y ayuda a los oyentes a seguir su mensaje y recordarlo. Sin embargo, no haga el bosquejo tan obvio o ingenioso que distraiga del mensaje.

Deje que el Señor lo utilice. La preparación de un sermón es una experiencia espiritual. Puede ser comparada con lucha libre, o con pelear en una batalla, o aun los dolores de una mujer embarazada. El Espíritu tiene que hablarnos antes de que pueda hablar por medio de nosotros, de modo que reciba el mensaje de Dios en su propio corazón, y pregunte: "¿Que significa esta verdad para mí?"

Mantenga el contacto con sus feligreses. No hay conflicto entre el cuidado pastoral y la predicación; se complementan el uno al otro. Como pastor, llegamos a conocer las necesidades de nuestra gente; como predicadores usamos la Palabra para satisfacer esas necesidades. A menudo verá que un mensaje brota en su corazón mientras está ministrando en el hospital o está de pie ante una tumba abierta. El predicador de torre de marfil, que desciende dos veces por semana para presentar un oráculo y luego se retira a su oficina, puede tener gran excelencia de estudios y homilética, pero no tendrá el calor y el toque personal que es muy necesario para predicar en forma efectiva. El sermón será el "el mar de cristal" pero no habrá "pasado por fuego". "Dentro del velo" (pasar tiempo con Dios) y "fuera del campamento" (pasar tiempo con el pueblo de Dios) son dos frases del libro de Hebreos que describen la vida del ministro equilibrado.

¡Manténgase alerta! Siempre estamos preparando mensajes, de modo que tenga los ojos abiertos y los oídos atentos a nuevas ilustraciones e ideas, y nuevos enfoques. Apunte las ideas que le vienen a la mente o se olvidará de ellas. Tenga un "cuaderno de ideas" o una carpeta de archivo y agregue su material en él. Andrew Blackwood llamó a esto la "parcela de semillas sermónicas". Nunca se sabe cuándo una semilla puede florecer y convertirse en un sermón justamente cuando lo necesita. Cada ministro del evangelio tiene que establecer su propio horario y enfoque. El viejo adagio es preciso: "Planifica tu trabajo y trabaja según tu plan." Y no olvide que está envuelto en asuntos eternos que merecen lo mejor que pueda ofrecer.

¿Cómo puedo mantener un buen equilibrio en mi ministerio para que no escoja siempre mis temas favoritos sino que predique "todo el consejo de Dios" (Hechos 20:27)?

Spurgeon refirió acerca de dos campesinos que se encontraron en el mercado un lunes por la mañana.

↘ ¿Fuiste a la iglesia ayer? - uno le preguntó al otro.

↘ Si -fue la respuesta.

↘ ¿Y qué escuchaste?

↘ Lo mismo de siempre: idin-don, din-don, din-don!

↘ ¡Qué afortunado que eres - dijo su amigo -. Todo lo que escuchamos nosotros es idin-din-din-din!

Su crecimiento personal, mediante el estudio y el servicio pastoral, es la mejor forma de asegurar a su congregación una dieta equilibrada de la Palabra. La segunda carta a Timoteo 3:16 nos ordena a usar "toda la Escritura", y Jesús dijo: "No sólo de pan vivirá el hombre, sino de toda palabra que sale de la boca de Dios" (Mt. 4:4). Siga penetrando en la Palabra y atreviéndose a ser pionero en territorio nuevo, y usted y los hermanos de la iglesia crecerán.

En este aspecto la predicación expositora es muy valiosa. La riqueza de la Palabra presenta exigencias a los que la predicamos. No se puede tocar la música del cielo en una sola cuerda. Deje que Dios lo dirija hacia un libro de la Biblia que lo inspire y predique de ese libro, capítulo por capítulo, pase lo que pase. Sugerimos que escoja con cuidado el libro, y que lo lea varias veces antes de anunciar una serie. Si no, usted puede empezar a construir la torre y descubrir que no la puede terminar.

Especialícese en los grandes temas de la Palabra y evite sermones inteligentes acerca de textos obscuros. Deliberadamente, aborde pasajes que ha evitado o incluso temido. Planifique su predicación para que haya equilibrio. Una esposa sabia planea menús y un pastor sabio planea mensajes: textos del Antiguo Testamento y del Nuevo Testamento, exhortación y edificación, deber y privilegio, historia y profecía, convicción y aliento. Por supuesto, siempre predicamos a Cristo y el evangelio, no importa cuál sea el texto.

Solo porque un predicador puede predicar durante diez años acerca de Romanos, no significa que cada predicador debe hacerlo. A principios de su ministerio, W. Graham Scroggie empezó una larga serie acerca de Romanos y vio menguarse a su congregación. Una nota de uno de sus oyentes lo convenció de que su plan no era apropiado, y después de eso siempre ha predicado series cortas. Spurgeon refirió acerca de un hombre que predicó por años del libro de Hebreos. Cuando llegó a Hebreos 13:22 - "Os ruego, hermanos, que soportéis la palabra de exhortación" –, Spurgeon comentó: "¡Ellos soportaron!" Hay esas pocas almas dotadas que pueden predicar de un libro, versículo por versículo y frase por frase, y aun mantener interesantes sus sermones, pero a no ser que tengamos esos dones, es mejor que nos concentremos en predicar párrafos que nos lleven a través del libro en un tiempo razonable.

Es vital que el pastor conozca las necesidades espirituales del rebaño y que las satisfaga. Por eso la visita pastoral y el consejo personal son importantes. La variedad y la vitalidad son una combinación inmejorable para predicar sermones útiles.

Algunos miembros de la iglesia me consideran liberal porque cito distintas traducciones y hasta paráfrasis de la Biblia. Muchos de los nuevos conversos y los miembros jóvenes usan traducciones más modernas. ¿Qué debo hacer?

No critique o tenga en menos ninguna traducción, en especial la querida versión de Reina-Valera. La mayoría de los miembros de la iglesia saben muy poco acerca de los factores implicados en la traducción de la Biblia y usan cualquier versión que "les habla" y con la que se sienten a gusto. Sienta la libertad de ampliar los significados y explicar algunas de las frases arcaicas, pero nunca la menosprecie.

La iglesia local es la única "escuela" donde los estudiantes escogen la edición del libro de texto que estudian. Muchas iglesias ven lo práctico en pasar por el proceso de seleccionar una traducción que se convierte en la Biblia que todos usan. Durante el proceso, usted tendrá la oportunidad de explicar cómo llegó a nosotros la Biblia, por qué hay diversas traducciones, los problemas que tienen los traductores al llevar a cabo su trabajo, y cómo cualquier traducción que escoja la congregación tiene que "hablar" a todas las edades y personas en distintos niveles de desarrollo espiritual.

Cada traducción tiene su fortaleza y sus debilidades, y usted acepta una traducción por su fortaleza a pesar de sus debilidades. Si usted conoce los idiomas de la Biblia, no tendrá gran importancia las traducciones que emplee durante sus estudios personales. Pero para la mayoría de los cristianos, es sencillamente asunto de educación, y esto lleva tiempo. (¡Conocimos a un cristiano muy dedicado al Señor que creía que la Biblia había sido escrita en sueco!) Es necesario prevenir a los hermanos contra traducciones populares no sean muy precisas, pero hágalo en amor.

Si la mayoría de los hermanos usan la versión de Reina-Valera, entonces úsela usted también. Si siente que hay necesidad de un cambio, trate esto con la junta directiva y planifique el cambio con sumo cuidado. A menudo es más fácil influenciar a las clases de adultos de la escuela dominical que a toda la iglesia; pero tenga cuidado de no dividir a la iglesia mientras está intentando unirla en el uso de las Escrituras. Y asegúrese de que la versión que adopte sea realmente una mejora.

No permita que los hermanos hagan de las versiones de la Biblia una prueba de hermandad o espiritualidad. Hay unos cuantos rezongones que piensan que la versión que usan es la única Palabra de Dios para nosotros. Ámelos, sea paciente con ellos, y agradezca que siquiera leen la Biblia. Es mejor que estos problemas se ventilen en conversaciones privadas en vez que se haga en los cultos públicos.

NOTAS

REFLEXIONES

PUNTOS DE ACCIÓN

Capítulo 6

EL PASTOR Y SUS LIBROS

*No soy de los que disfrutan del estudio. ¿Es importante que me
dedique a la lectura?*

S i con "disfrutar del estudio" quiere usted decir alguien que se aísla en una
torre de marfil académico y no hace más que estudiar, entonces nos alegra-
mos que usted no se cualifique para eso. Esa clase de pastor es generalmente
académico e inalcanzable, o como dijera un creyente: "Invisible durante la semana e incomprensible el domingo." La lectura es importante en cada vocación, y el
viejo lema sigue en pie, de que "los lectores son líderes". Como ministros, tenemos que "absorber" antes de poder "dar". Si Carlos Spurgeon predicaría en su
región, o si Juan Calvino dictaría una clase, usted iría a escuchar; pero sus libros
están disponibles para que los lea en cualquier momento. Vamos a aprovechar el
amplio tesoro de conocimiento que está a nuestro alcance hoy.

Leemos para obtener *iluminación* acerca de la Palabra de Dios, la congregación, nosotros mismos y nuestro trabajo, y el mundo que nos rodea. Cuanta
más luz tenemos, tanto mejor podemos vivir la vida cristiana y ayudar a otros a
vivirla. También leemos para el *aprendizaje,* para aprender a ser mejores predicadores, consejeros, líderes, cónyuges, y padres de familia. Pero eso no es todo,
porque también leemos para el *enriquecimiento,* para el desarrollo de la mente
y el alma. Aquí es donde entran los grandes clásicos, los libros que han enri-
quecido a la gente durante siglos. Si leemos únicamente los "libros actuales" —
los llamados "libros de mejor venta"— nunca tendremos tiempo para leer los
libros de siglos pasados. Algunos de esos libros deben ser leídos una y otra vez
porque mucho del contenido es contemporáneo y eso no tiene que ser escrito

de nuevo. Leemos libros profesionales para cumplir un trabajo y ganarnos la vida, pero leemos otros libros para saber cómo vivir, y ambos son importantes. Usted se sorprenderá de cómo sus conocimientos de la Biblia lo ayudarán a comprender y apreciar mejor la gran literatura del pasado.

Queremos agregar esto: también leemos para *por el placer* de hacerlo. Disfrutar de un buen libro es un gusto para la mente activa. Generalmente queremos *desarrollar* nuestra mente, pero a veces necesitamos leer para *dar descanso* a la mente y escapar de las exigencias de la vida. ¿Es esto malgastar el tiempo? No más que cuando nos tomamos una siesta o el día libre. Si todo lo que usted hace es leer novelas de detectives o de vaqueros del Oeste, su mente se atrofiará; pero después de un día exigente, leer algo más liviano sirve para relajar la mente y prepararlo para una noche de sueño descansado.

Sí, leer es importante, y no tiene que "disfrutar de los estudios" para sacar beneficio de los buenos libros, sean estos nuevos o antiguos. Consulte los mejores libros profesionales para su preparación de sermones, pero también lea los mejores libros para el crecimiento y desarrollo personal. Lleve consigo un libro a la peluquería o al consultorio médico y haga buen uso de ese tiempo de espera.

Muchos excelentes libros, aun juegos completos de comentarios, se pueden conseguir ahora en CD-ROM, de modo que el espacio no es mucho problema. ¡Puede llevar su biblioteca en la mano!

¿Cuál es la mejor manera de organizar una biblioteca?

El sistema decimal Dewey es estándar y probablemente el mejor, pero puede requerir bastante tiempo. Casi necesita una secretaria para su manutención. La mayoría de los pastores colocan sus libros de estudio bíblico en el orden de la Biblia: estudios del Antiguo Testamento, de Génesis a Malaquías; periodo intertestamentario; estudios del Nuevo Testamento, de Mateo a Apocalipsis. Puede apartar lugares especiales para libros de teología, diccionarios y léxicos, libros de biografías, y sermones. Generalmente es mejor mantener los comentarios juntos en un lugar separado. Sea cual sea el enfoque que use, tenga un sistema, ¡y sígalo!

Tenga los libros que usa más a menudo cerca a su escritorio: un diccionario de la Biblia, un diccionario en español, un léxico griego, un léxico hebreo, concordancias (aunque su principal concordancia estará mejor abierta y a mano), y cualquier otra herramienta literaria que le ayude en sus estudios. Tenga una repisa cerca de su escritorio que contenga los libros relativos a su actual plan de prédicas. Por ejemplo, si está predicando del Evangelio según Marcos, coloque todos los comentarios acerca de Marcos en esa repisa. También es prudente tener a mano los comentarios que usa frecuentemente. Esto le evitará bastante movimiento de levantarse y sentarse con frecuencia, ¡aunque el ejercicio nos cae bastante bien!

No se olvide clasificar su biblioteca; de lo contrario, usted se olvidará del material que tiene disponible. No necesita poner un índice a sus comentarios, porque ya están en orden en su repisa. Pero si debe poner índice a los sermones impresos, los estudios especiales en libros misceláneos (parábolas, milagros, nombres de Cristo, etc.) y el material en los diccionarios y las enciclopedias que usted puede olvidar dónde están. Hay diversos sistemas de archivo, aun versiones para computadoras, de modo que busque el que resulte mejor para usted.

Probablemente querrá archivar recortes y artículos en carpetas de manila. Éstas también pueden estar incluidas en su sistema de carpetas temáticas. Muchos pastores registran ilustraciones en tarjetas tipo ficha y las archivan bajo temas clave: redención, ofrendas, inspiración, etc. Tenga cuidado de escribir toda la información necesaria para que las ilustraciones sean claras y precisas. Nada es más penoso que sacar una tarjeta de ilustración que diga: "niño con perro en lago". Pues bien, ¿de qué se trataba eso?

No se convierta en esclavo de un sistema. Mantenga sencillo su método y le ahorrará tiempo. No sienta que tiene que archivar todos los recortes, y haga con regularidad una limpieza del archivo.

Es vital que su sistema de archivo incluya un índice del material para sermones que tiene en su biblioteca. Un índice maestro de sermones le permitirá localizar rápidamente cualquier mensaje acerca de algún tema o de un texto bíblico. Para hacer el índice puede usar tarjetas tipo ficha; dedique una tarjeta a cada capítulo de la Biblia. Solamente tiene que escribir el versículo, el título del libro, y el número de la página del sermón. Eso es todo.

Lo más pronto posible, agregue a su índice la información acerca de cada nuevo libro que compre, y márquelo "en índice" en el interior de la tapa. Si deja que se acumulen los libros sin ponerlos al índice, terminará con una tarea gigantesca y probablemente decida que el hacer un índice es demasiado trabajo y que no vale la pena. Ese descuido lleva a la ruina.

¿Cuántos libros debo tener?

La cantidad no es garantía de calidad. Es mejor que tenga doscientos libros útiles a tener mil libros que solo llenan las repisas. El pastor no puede darse el lujo de ser un coleccionista de libros; el tiempo, el dinero, y el espacio son demasiado valiosos, y en la siguiente mudanza a otro pastorado usted puede desear que no tuviera ni un solo libro.

Arme su biblioteca con libros que sean herramientas y no muletas. Un buen libro le ayuda a estudiar la Biblia; pero no hace el estudio por usted. Los libros de ayuda para preparar sermones son como las comidas rápidas que se compran congeladas: buenas para una emergencia, pero no para una dieta balanceada. Usted necesitará las mejores traducciones de la Biblia, como también léxicos y diccionarios que le den información de los idiomas originales. Sus comentarios deben reflejar escolástica dedicada; deben decirle lo que le dice el texto y qué es lo que significa. Los comentarios devocionales son buenos para la lectura devocional, o para darle ideas, pero pronto se vuelven muy pobres. A menudo es "cavando en los pozos antiguos" y volviendo a los autores olvidados que podemos mejorar nuestro ministerio de predicación.

Entérese de los mejores autores y se le hará más fácil encontrar los mejores libros. Antes de invertir en un libro sin haberlo visto, examine el ejemplar de un amigo, o vea si hay en la librería local. (Si toma prestado un libro, no se olvide de devolverlo. Quedarse con libros prestados es el pecado imperdonable del ministerio.) Si usted revisa los catálogos de libros y está al día con las recensiones en las mejores publicaciones, gradualmente obtendrá un gusto por los mejores libros, y sabrá cuáles realmente valen la pena adquirir. Si tiene dudas, pregunte a un bibliófilo pastoral. Al correr de los años desarrollará intereses propios, y probablemente se volverá experto en algún campo: profecía, biografías bíblicas, o un libro de la Biblia. Quizá decida adquirir todo libro que encuentre acerca del Padrenuestro, o las palabras de la Cruz, o la vida de Pedro. Bien, pero tenga en mente que el coleccionar libros no es lo mismo que usar libros, y puede ser un pasatiempo costoso.

Los libros son como la ropa o las herramientas: lo que encaja con las necesidades o el estilo de una persona puede que no le quede a la otra. Lo que un amigo considera como el mejor libro puede resultar en el peor para usted. Sin embargo, la mayoría de los pastores evangélicos estarán de acuerdo acerca de los títulos básicos que debe haber en la biblioteca de un predicador. En nuestros propios estudios de la Palabra, hemos descubierto que los libros básicos son de mucha ayuda. No obstante, queremos prevenir al predicador novato de comprar un libro sencillamente porque alguna persona importante o bien conocida dice que debe hacerlo. Ocasionalmente hemos hecho esto, sólo para descubrir que hemos llenado nuestra repisa de material inservible al mismo tiempo de vaciar nuestros bolsillos de dinero necesario. Ahora miramos antes de comprar. Sugerimos que usted haga lo mismo.

Por supuesto, también querrá tener libros de temas no bíblicos, tales como historia, biografías, y literatura en general, como también los clásicos reconocidos que todavía nos dicen algo. Estos variarán según el interés del pastor. El pastor siempre debe estar ampliando sus conocimientos. La Biblia es la verdad de Dios, y ningún libro jamás podrá tomar su lugar. Pero las mejores obras de los mejores cristianos y otros estudiosos nos ayudarán en nuestros estudios de la verdad. Nunca tema a la verdad, porque toda la verdad fundamental tiene que provenir de Dios. Phillips Brooks a menudo hacía recordar a sus oyentes que "toda la verdad se intersecta" ya que Dios es la fuente de toda verdad. No importa qué aspecto de la verdad estemos estudiando, finalmente tiene que llevarnos a Cristo que es la plenitud de la sabiduría de Dios.

El tiempo es oro. A más de la preparación de mis prédicas, ¿cuánto debo leer?

La amplia lectura es importante para un pastor en crecimiento. Todo lo que lea puede servirle en su ministerio. El obispo Quayle observó: "Cada departamento del pensamiento humano tiene que ser preocupación del predicador." Somos humanos, creados a semejanza de Dios, y siervos, llamados a anunciar su verdad, y cuanto más ampliamente leamos, tanto mejor podremos cumplir la obra, y tanto más fácil nos será realizarla.

Sus propios intereses y gustos dictarán mucho de lo que lea, pero tiene que evitar la lectura de la misma clase de libro una y otra vez. Durante sus visitas pastorales, haga una pausa en la biblioteca por un cuarto de hora para echar un vistazo entre los libros. Note las repisas especiales que contienen libros nuevos. Generalmente las bibliotecas publican boletines con la lista de sus nuevos títulos, de modo que póngase en la lista de correo. Lea las síntesis y comentarios que publican los mejores periódicos y revistas, tanto seculares como religiosos.

Conjuntamente con los libros contemporáneos, el pastor debe leer periódicos y una buena revista de noticias. Todos ellos tienen sus defectos, de modo que seleccione los que le ofrecen mejor información. Por supuesto, lea también lo mejor del periodismo religioso.

Un tiempo ideal para ponerse al día en su lectura de revistas y periódicos es justamente antes o después de las comidas. Un pastor que tiene el privilegio de almorzar en casa puede usar parte de su hora de almuerzo para la lectura de esparcimiento (eso es, si su familia no tiene nada que sea necesario discutir). Diez o quince minutos de lectura antes y después de la cena beneficiarán a la mente y al cuerpo. Es sorprendente cuánto se puede leer cuando uno invierte sabiamente cortos segmentos de tiempo.

Pregunte a sus pastores amigos, y a los buenos lectores de su iglesia, qué es lo que leen. A menudo un título recomendado es justamente lo que usted estaba buscando.

Nuevamente, al centrarse en lo contemporáneo, no ignore los grandes libros del pasado. ¿No fue Mark Twain el que definió un libro clásico como "un libro del que todos hablan pero que nadie lee"? Hay algunos libros que debemos leer y conocer porque están fijados en la literatura mundial, como *El progreso del peregrino*. (Es sorprendente cuántos pastores no han leído este libro clásico de Juan Bunyan.) Muchos pastores llevan un libro clásico cuando van de vacaciones y lo leen. Al principio, esta lectura puede ser penosa; y luego les agarra el encanto y dicen: "¿Es esto lo que me he estado perdiendo todos estos años?"

Un pastor no puede darse el lujo de ser un lector ávido, pero tampoco puede ignorar los libros. El secreto es el equilibrio, y le puede llevar tiempo descubrir su propio horario.

¿Cómo me puedo disciplinar para dedicar más tiempo al estudio?

Cuando Dios llama, Dios equipa y posibilita. Quizá el Señor no lo convierta en otro Juan Calvino o Carl F. H. Henry, pero le ayudará a cumplir su potencial. Él le dará un amor por la Palabra y un deseo de estudiarla y obedecerla. Usted necesita la Palabra no sólo para sí mismo, sino también para poder alimentar a su congregación. Un ministerio descuidado es una maldición, y hay que tenerle lástima a la congregación que tiene que escuchar a un pastor que no dedica tiempo para prepararse a sí mismo ni para preparar sus mensajes.

Una de las calificaciones del pastor es "apto para enseñar" (1 Ti 3:2), y esto implica "capaz de aprender". La palabra griega que se usa aquí es *didaktikos*; ha entrado al idioma español como *didáctico*: "que tiene por objeto enseñar o instruir". Tenemos que ser receptores si vamos a ser transmisores. El pastor no puede ser como la araña y tejer todo en su propia mente; tampoco puede ser como la hormiga y robar las migajas de otros. Tiene que ser como la abeja y juntar néctar pero "hacer su propia miel". (Bacon usó esta comparación, y la tomamos prestada de él.) O, para cambiar la imagen, los pastores ordeñan muchas vacas, y hacen su propia mantequilla.

La erudición es una mayordomía; responderemos a Dios por el uso de nuestro tiempo, las habilidades, la educación, y las oportunidades. Con la ayuda de Dios, los pastores que no quieren estudiar el griego pueden aprender a usar y disfrutar de las herramientas básicas del idioma y ciertamente enriquecer su vida y su ministerio. Cuanto más hacemos una cosa, tanto más fácil debe de ser. A muchos pastores no les gustaba hacer las visitas; pero cuanto más visitaban, tanto más lo disfrutaban y lo apreciaban. Así es con el estudio; dedique tiempo a crecer y llegar al progreso. Pero no se valga de la excusa: "no soy de los que disfrutan del estudio". Las palabras de Pablo son tan ciertas hoy como cuando las escribió: "Procura con diligencia presentarte a Dios aprobado, como obrero que no tiene de qué avergonzarse, que usa bien la palabra de verdad" (2 Ti. 2:15). Y ya que está en 2 Timoteo, lea también 3:13-17.

En resumen: sus propias necesidades, la necesidad de su congregación, y la maldad de este día exigen que seamos los mejores estudiantes posibles. La espada del Espíritu tiene más filo que nunca, pero tenemos que perfeccionar nuestro manejo de la misma para entrar en la batalla.

NOTAS

REFLEXIONES

PUNTOS DE ACCIÓN

Capítulo 7

LOS CULTOS DE LA IGLESIA

¿Qué podemos hacer para evitar la rutina en nuestros cultos públicos?

E mpecemos con las razones por las que el pueblo de Dios se reúne con regularidad: (1) para alabar y adorar al Señor; (2) para recibir instrucción y equipamiento de la Palabra; (3) para ministrarse el uno al otro y para animarnos mutuamente; (4) para escuchar acerca de las necesidades de nuestros hermanos en la fe y los demás, y para orar por esas necesidades; y (5) para testificar a los perdidos. El hecho de que nos reunimos semanalmente es en sí un testimonio a la comunidad de que creemos que Jesús vive. Donde hay vida, hay crecimiento, y donde hay crecimiento hay variedad y cambio. Si al "Espíritu de la vida" (Ro. 8:2) le permitimos guiarnos y darnos poder, nuestros cultos no deben ser carentes de vida ni aburridos. Pero si imitamos a los atenienses y constantemente buscamos "oír algo nuevo" (Hechos 17:21), el culto sencillamente se convertirá en un "espectáculo" o entretenimiento religioso, y eso es algo que debemos evitar. Variedad y diversidad, sí; novedad, no; unidad, siempre.

Por lo tanto, lo esencial al preparar cada culto es la oración y la dirección del Espíritu Santo. Algunas iglesias prestan cuidadosa atención al calendario eclesial y celebran no solamente el Viernes Santo, el Domingo de Resurrección, y la Navidad, sino también el Pentecostés, la Epifanía, el Domingo de la Trinidad, y otros acontecimientos que tienen significado espiritual. Cada culto tiene que ser una oportunidad de adorar y glorificar a Dios, pero también podemos centrarnos en las misiones, el evangelismo, la educación cristiana, y otros temas; pero Jesucristo siempre debe ser lo central (vea Ap. 5).

Los que dirigen los cultos deben ser personas que buscan honrar al Señor y no animadores como en eventos deportivos. *La preparación y dirección de la adoración unida es uno de los ministerios más difíciles en la iglesia local y no debe estar a cargo de inexpertos.* Lleva tiempo enseñar a una congregación a adorar. No podemos complacer a todos, ni debemos intentarlo, pero debemos tratar de regirnos a la Biblia y, según entendemos la Palabra, agradar a Dios.

Aunque los elementos que conforman un culto de adoración siempre son los mismos —música y cantos, oración y lectura bíblica, ofrendas, proclamación de la Palabra—, de semana en semana cambia la manera de organizar y unir estos elementos, las personas que participan, y lo que estamos buscando llevar a cabo. La palabra "cambio" es una amenaza para ciertas personas, generalmente los miembros mayores, pero agrada mucho a los creyentes más jóvenes; por tanto tenemos que ser prudentes, cariñosos, y pacientes. La iglesia es una familia, conformada de personas de todas las edades y en distintos estados de desarrollo espiritual (vea Tito 2). Tenemos que tener en mente a toda la familia al preparar el programa. Los creyentes maduros tienen que ayudar a los más jóvenes a crecer en la gracia (2 Ti. 2:2), y deben ser muy gentiles al hacerlo. Cualquiera que ha educado una familia comprende lo desafiante que es esto.

Cuando nuestros cultos se vuelven predecibles, generalmente se convierten en rutinarios y luego en rituales, y eso les quita espontaneidad. Los buenos cultos tienen que tener continuidad o los hermanos no podrán adorar juntos; pero también tienen que tener diversidad, o los adoradores participarán sin entusiasmo o medios dormidos. A veces el Señor nos agarra de sorpresa como hizo con la iglesia en Jerusalén (Hch. 4:31) y con Pedro en casa de Cornelio (Hch. 10:44-48).

Varíe los coros y los himnos y mantenga una lista de los himnos que use. El cantar sólo himnos o sólo coros de alabanza hará que los cultos sean agotadores, por otra parte, cantar coros de alabanza vez tras vez sin sentido puede ser aburrido. Sea que canten de un himnario o de la letra en una pantalla, la variedad y el equilibrio son importantes. Es sorprendente cuán pocos himnos la congregación realmente comprende. Martín Lutero reunía a su gente durante la semana para que aprendan los himnos que iban a cantar el domingo, y les explicaba el significado bíblico.

Cuídese de discursos rutinarios desde el púlpito. El pastor debe variar su manera de dar la bienvenida a las visitas y de hacer los anuncios. No hay razón por la que un laico no pueda relevarle de esa tarea. (Algunas iglesias eliminan los anuncios y confía en que los hermanos leerán el boletín.) Muchas iglesias dan los anuncios antes de que empiece el culto y también pasan por las bancas un registro de asistencia para que firmen los presentes. Cada grupo en la iglesia y cada organización cristiana en la ciudad quiere que de un "empuje" a sus programas, pero tenga el valor de seleccionar los más importantes.

Es vital que permitamos a la congregación ejercitar los dones del Espíritu y que no sean meros espectadores en un programa religioso. Pedir que los hermanos consagrados al Señor testifiquen en los cultos puede ser de gran bendición. Lo ideal es que su testimonio coincida con el tema del mensaje. Ocasionalmente, pida a algún hermano que haga la lectura bíblica, pero avísele con anticipación para que se prepare. No es prudente el pedir a alguien que lea la Biblia en público unos minutos antes del culto. Tal vez una familia entera podría prepararse durante la semana y leer el pasaje (o pasajes) del día.

Sea que nos agrade o no, el culto matutino generalmente tiene más ambiente de adoración, el culto nocturno (si lo hay) es más libre, y el culto de entre semana (si lo hay) es el más informal de todos. No conocemos alguna enseñanza de las Escrituras que ordene esto, pero esa parece ser la manera en que operan las iglesias. Debe haber unidad y libertad espiritual en todos los cultos, pero no todos los cultos deben tener la misma estructura.

En muchas iglesias ya no hay cultos nocturnos. ¿Cuál es su opinión?

Según lo registrado en la Biblia, los primeros cristianos se reunían principalmente en las noches el primer día de la semana (Jn. 20:19-29; Hch. 20:7). Ese no era un "día libre" y la gente tenía que trabajar durante el día. Los esclavos cristianos tenían que pedir permiso al patrón para salir y participar en la comunión, y otros creyentes tenían que trabajar durante el día para ganar su pan. Estas eran principalmente "casa-iglesias" que también se reunían durante la semana para la oración y la comunión. La iglesia primitiva no enfatizaba el "día" en que se reunían, sino se animaba a los creyentes a ejercer libertad (Ro. 14; Col. 2:16-23).

El culto nocturno solía dedicarse primordialmente a la evangelización, y se instaba a los miembros de la iglesia a llevar a los inconversos al culto. Recordamos muchos cultos emocionantes de domingo por la noche, en una iglesia repleta, en que la gente se entregaba a Cristo; pero los tiempos han cambiado. Si la iglesia tiene un culto el domingo por la noche, generalmente es más temprano y es primordialmente para edificar a los santos y no con el fin de evangelizar a los perdidos. Entre los mundanos, como también en el caso de muchos creyentes (¡lamentablemente!), la gente prefiere quedarse en casa los domingos por la noche para ver televisión o jugar juegos de vídeo. También, en algunos lugares, es peligroso estar fuera de casa durante la noche, y las personas mayores no se atreven a dejar la seguridad de su hogar.

Las iglesias que han cancelado el culto de la noche no son necesariamente apóstatas ni tibias; es que sencillamente se han tenido que adaptar a los cambios que están ocurriendo en la sociedad. Por un lado, la evangelización está ocurriendo eficazmente durante la semana por medio del testimonio personal de creyentes y las visitas organizadas de ganadores de almas especialmente adiestrados mediante programas de evangelismo. Con excepción de las grandes cruzadas evangelísticas en las ciudades y el las iglesias grandes, la mayor parte de los "bebés espirituales" no nacen en público sino en su propia sala de estar, y luego van a la iglesia para hacer su confesión de fe pública. Lo importante es que se proclame el evangelio y que la gente se salve. Esa era la práctica en la iglesia primitiva (Hechos 2:42-47; 4:32-35).

Si los hermanos de la iglesia quieren tener un culto nocturno y lo apoyan, entonces estructúrelo en forma distinta al del domingo por la mañana. Manténgalo vibrante y alegre, con cantos entusiastas, lo mejor de la música, y predicación interesante e invitadora. No nos agrada el término "predicación popular" porque suena a vacío y a actuación, pero sí toque los temas que tengan que ver con la experiencia diaria de los oyentes. Muy pocas personas asistirán a la iglesia un domingo por la noche para aprender acerca de la geografía del Monte Pisga o la historia de Moab, pero sí pueden presentarse para escuchar temas de actualidad.

No es importante que la congregación sea del mismo tamaño que los asistentes del domingo por la mañana. Haga lo mejor en planificación, preparación, y oración, y confíe en el Señor para su bendición. Aunque no se reúnan en el salón principal del templo, el Señor estará con usted y Él puede obrar donde sea. Tratar al culto del domingo por la noche como a un pariente lejano y leproso que uno quiere mantener a la distancia es abrir la puerta al fracaso. Claro, tenemos que dar nuestra mejor atención al servicio de la mañana, pero eso no nos da el derecho a dejar la preparación del domingo por la noche hasta muy tarde el sábado o hacerlo el domingo por la tarde.

¿Qué consejo tiene para los cultos de entre semana?

Al igual que el culto de la noche, el culto de entre semana gradualmente ha sido puesto de lado, pero no es necesario que cunda el pánico. No hay nada sagrado acerca del calendario semanal de la iglesia y tenemos el privilegio de hacer un ajuste de tiempo en tiempo para que podamos servir lo mejor a nuestra gente y ganar a los perdidos. Algunas iglesias tienen entre semana programas para niños y jóvenes, ensayos del coro, y estudios bíblicos electivos, de modo que las instalaciones de la iglesia están siendo usadas para buenos propósitos.

Otras iglesias dedican una noche por semana a reuniones en los hogares, y generalmente más gente asiste a estas sesiones informales de lo que asistían al culto de entre semana en la iglesia, y los asistentes pasan tiempo en estudios bíblicos y oración. El ministerio de reuniones en hogares tiene un gran mérito, pero tenga cuidado de que ningún grupo se vuelva una camarilla y empiece con divisionismo. Juan Wesley tomó prestada la idea de las "sociedades religiosas" metodistas de la Iglesia de Inglaterra y lo convirtió en la espina dorsal del metodismo. Las grandes "sociedades" se dividieron en "clases" y luego en "pequeños grupos" para que las personas pudieran ministrarse la una a la otra.

Si tiene un culto de entre semana, merece minuciosa preparación pero no tiene que seguir un riguroso orden de cultos. Deje que los hermanos respondan a la Palabra conforme les enseña. Hágales preguntas; deje que refieran experiencias que hayan tenido al confiar en el Señor. "El viento sopla de donde quiere" (Jn. 3:8), de modo que permita al Espíritu que lo guíe tanto en la preparación como en su manera de conducir los cultos. Muchas personas necesitan un "oasis espiritual" durante la semana, de modo que haga lo posible para que el culto sea animador e inspirador. Respecto a cualquier culto que esté planificando, cuídese de tratar de crear resultados espirituales. Cada iglesia tiene necesidad de orar, sea que los hermanos se reúnan en el santuario o en hogares como pequeños grupos (Hch. 2:42-47).

Una palabra de precaución: si usted se siente llamado a hacer considerables cambios en la estructura de adoración de la iglesia, espere hasta que haya estado allí el tiempo suficiente como para conocer a los hermanos y ganar su confianza. Consulte con los líderes, y asegúrese de que los cambios se hagan en el tiempo de Dios y a la manera de Dios. No es muy prudente atraer a un grupo "ardiente" de jóvenes y poner de lado a la gente mayor que edificó la iglesia. Toda la familia de creyentes tiene que trabajar unida. El cambio por el hecho de cambiar es novedad; el cambio por el hecho de mejorar es progreso.

La clave es su propia experiencia de desarrollo espiritual. Si usted vive en la plenitud del Espíritu se notará en su dirección de los cultos públicos. Pero no intente imitar a algún pastor que admira. Sea como es usted, y el Espíritu lo usará para hacer la obra que lo ha llamado a hacer.

¿Debemos siempre dar una invitación pública a aceptar a Cristo?

Siempre presente el evangelio y aclare a los oyentes que tienen que confiar en Cristo si quieren nacer de nuevo. Uno nunca sabe quién pueda estar necesitando ese mensaje. Por supuesto, hay más formas de responder a la invitación de Dios que pasar adelante; pero una invitación pública al cierre de un culto es una buena oportunidad. No hay necesidad de cantar durante veinte minutos para dar una invitación válida. Cualquier himno o coro se puede usar para hacer la invitación. Más de una vez hemos dirigido la predicción a creyentes y cerrado con un himno de dedicación, solo para ver a inconversos pasar al frente para ser salvos. Si usted anuncia un himno de cierre, aclare que esta es una oportunidad para tomar una decisión.

Después de cantar el himno, señale que las personas interesadas pueden verlo después, y que usted estará disponible. No todos los bebés nacen en público. A menudo he visto a personas entregarse a Cristo después de terminado el culto. Además, las visitas de seguimiento en el hogar pueden ser fructíferas. Algo que debe evitar es decir: "Ahora, si alguno de ustedes necesita consejo espiritual, tenga la bondad de hablar con alguno de nosotros." ¿Quiénes son estos consejeros y dónde están? ¿Cómo se los puede reconocer? Tenga un lugar específico donde la gente pueda acudir para recibir ayuda personal. Muy pocos visitantes se acercarán a un extraño para pedir orientación. En algunas iglesias, los consejeros llevan una insignia o una placa de identificación, lo cual evita que haya confusión y vergüenza.

No hay necesidad de pedir disculpas por extender una invitación, pero tampoco debemos utilizar la respuesta (o la falta de respuesta) como una prueba del éxito de un culto. La cosecha viene al final del tiempo, no al final del culto. Una invitación pública no es necesariamente una prueba de ortodoxia, pero tampoco es señal de espiritualidad la falta de una invitación (o la resistencia a ella). La mayoría de los cultos terminan con un himno, escogido para ayudarnos a responder a la Palabra que hemos escuchado, y es muy apropiado extender la invitación de Dios (Ap. 22:17). Los que ministramos en iglesias en la ciudad nunca sabemos quiénes puedan estar en el culto ni cuáles sean sus necesidades. ¿Quién sabe? ¡Puede estar presente algún extraño que está pensando saltar de un puente! Dios puede valerse de una amable invitación para llevar a esa persona desesperada a Cristo.

La gente se resiste a la presión y a la intimidación en ciertas invitaciones a confiar en Cristo. Si el Espíritu no está dirigiendo el llamado, mejor es que cierre la invitación. Si el Espíritu lo guía a que continúe, entonces continúe, pero no sustituya el poder divino con la presión humana mientras trata de llevar a cabo una obra espiritual.

¿Cómo se puede evitar la baja en asistencia durante el tiempo de vacaciones?

No vemos ninguna razón por la que las semanas de verano deban ser un tiempo de "descanso" en el ministerio y de decirle a Dios que nos vamos de vacaciones. De seguro, algunos hermanos estarán ausentes, pero otros traerán familiares visitantes a los cultos, de modo que debe de haber un equilibrio.

Psicológicamente, no es bueno hablar acerca de la expectativa de una baja de verano. Si anunciamos una baja en asistencia, seguramente llegará, y puede durar más que el verano. Desafíe a su gente a aprovechar los meses de verano, y entréguese con fervor al programa de esa época. Diga a los hermanos que disfruten de sus vacaciones y que vuelvan a casa listos para trabajar. De hecho, desafíelos a testificar de Cristo mientras estén de vacaciones y provéales las herramientas. Puede llevar unos cuantos veranos, pero usted puede convertir el tiempo de vacaciones en el tiempo de cosecha.

Planifique una serie de sermones para las semanas de verano, pero no la exposición de un libro de la Biblia. Los hermanos estarán de viaje durante el verano y se perderán demasiado. Ocúpese de los Salmos, las parábolas o los milagros de Cristo, o temas prácticos, a los que Pablo se refirió: "Y cómo nada que fuese útil he rehuido de anunciaros y enseñaros" (Hch. 20:20). Si usted se toma vacaciones de verano busque un buen reemplazo. Empiece a promoverlo con tiempo para que la congregación sepa que la iglesia estará marchando todo el verano. De hecho, ya que otras iglesias en su zona tal vez cierren algunos programas durante el verano, usted podrá alcanzar a muchas personas que están buscando un lugar de adoración.

Haga planes durante el invierno para valerse de los estudiantes universitarios que vuelven a casa para el verano, y ponga a trabajar también a los adolescentes. Muchas iglesias conducen escuelas bíblicas de vacaciones para niños o los que llaman "clubes de cinco días". Estos se pueden llevar a cabo todo el verano en distintos vecindarios de la ciudad. Con estos programas se gana almas para Cristo y nuevos niños para la escuela dominical.

Vemos los meses de verano como una gran oportunidad de tener programas especiales para los niños, jóvenes, y estudiantes universitarios que están ocupados durante el resto del año. Haga sus planes de antemano para que los hermanos los incluyan en su calendario. No es necesario planear un circo para atraerlos, pero sí apunte hacia la variedad y la vitalidad. Tenga programas al aire libre. Los hermanos a menudo tienen más tiempo para servir en el verano que en el invierno, de modo que planee formas de hacerlos trabajar. El verano ofrece grandes oportunidades para el compañerismo y el testimonio al aire libre. Durante esta temporada se puede alcanzar a gente que se recluye en el invierno. Si decidimos que nada se puede hacer, no se hará nada. Considere al verano con fe y optimismo, y anime a su gente a captar la visión.

¿Qué puedo hacer para que la observancia de la Santa Cena sea una gran experiencia espiritual de gran significado para la iglesia?

Con demasiada frecuencia, se deja la Santa Cena hasta el final del culto, se celebra rápidamente, y es vista como un intruso. Tal tratamiento es inapropiado. Prepárese para la Cena del Señor. Programe el culto de tal manera que haya bastante tiempo para observarla. Ponga mucha atención al escoger la música y los cantos. Trate de evitar anuncios largos e innecesarios. (¡Esa es una buena sugerencia para cualquier culto!) Centre la predicación en Cristo y la Cruz. En la Santa Cena recordamos a nuestro Salvador, no nuestros pecados; de modo que enfatice su amor y su gracia. La actitud del pastor influye mucho en el ambiente espiritual para el servicio de la Santa Cena. Si usted está impaciente o alterado porque tiene menos tiempo para predicar, los hermanos lo detectarán.

Las prácticas de las iglesias varían respecto del tiempo y la frecuencia de la observancia de la Santa Cena. Al parecer, la iglesia primitiva observaba la Cena del Señor cada vez que los creyentes se reunían, y las casa-iglesias probablemente la observaban al final de la comida principal. Tenga en mente que los horarios de trabajo a veces previenen a algunos miembros de la iglesia de asistir los domingos por la mañana, de modo que sería bueno si tiene un culto de Santa Cena a otra hora. Algunas iglesias conmemoran la muerte de Cristo en un culto especial, en que sólo se invita a los miembros de la iglesia. Frecuentemente se hace esto el jueves de la Semana Santa. Una noche dedicada exclusivamente a la Santa Cena puede ser una experiencia muy sagrada.

¿Alguna vez ha pensado en tener la Santa Cena al principio del culto en vez de dejarla para el final? Entonces usted y la congregación no se preocuparán por la hora, y puede adaptar la predicación al tiempo que le reste. Antes de participar en la Cena, los líderes de la iglesia primitiva solían despedir a las visitas y a los creyentes no bautizados, pero no hacemos eso hoy. La Cena anuncia "la muerte del Señor, hasta que él venga", de modo que hay un mensaje para los perdidos que están presentes. Si usted trata el asunto con cuidado y explica a los creyentes el significado de la Santa Cena, los visitantes comprenderán, y nadie se sentirá avergonzado.

Enseñe a los hermanos de la iglesia el significado de la Santa Cena. Prepare su propio corazón, y sugiera a los que sirven los elementos que ellos también preparen su corazón. Reúnase con ellos de antemano para compartir unos momentos de oración y consagración. Si cada uno está en buena comunión con Dios y con el prójimo, Dios dará su bendición.

NOTAS

REFLEXIONES

PUNTOS DE ACCIÓN

Capítulo 8

ACTIVIDADES Y PROGRAMAS

¿Qué puedo hacer para servir de mejor manera a la juventud de la iglesia?

Comience con amarles y no temerles. Algunos pastores se sienten intimidados por sus jóvenes porque tienen la idea de que cada ministro tiene que ser un experto en la juventud para poder alcanzarlos y ayudarlos. Esa filosofía es falsa. Aunque hay ministros a los que Dios ha dado dones especiales para trabajar con jóvenes, esto no significa que el pastor promedio tiene que estar al margen. Si usted es sincero y cariñoso, ellos lo respetarán; si usted los escucha, ellos lo escucharán a usted. Los jóvenes buscan la realidad, de modo que sea la persona que usted es, no un adolescente falsificado. Compórtese como un adulto maduro y ellos lo aceptarán; imítelos, y quizá se rían de usted.

Aprenda a escuchar. Aun cuando sus críticas sean tontas y sus ideas raras, preste oído a la juventud y trate de ser positivo. Esto no significa que siempre tiene que estar de acuerdo con ellos, pero sí que esté en desacuerdo de manera positiva, y que acepte los buenos puntos de vista. Los jóvenes se sentirán bien porque han podido quitarse algo de la mente. Un oído atento y un corazón abierto lo llevaran un buen trecho a edificar un sólido ministerio de jóvenes en la iglesia.

Ore por los jóvenes por nombre. Algunas iglesias proveen una lista al día de los jóvenes para que los obreros de la iglesia y otros líderes la usen en su tiempo diario de oración. Usted se sorprenderá de lo que Dios hará. Ore también por los jóvenes que están lejos en colegios y universidades, y también por los que están en las fuerzas armadas, y mantenga informada a la iglesia de sus necesidades y logros.

Deje que los adolescentes participen en la planificación y presentación del programa juvenil. Tenga metas y pautas definidas, pero permita que ellos lleven la responsabilidad, con el sabio adiestramiento de usted y otros líderes. No critique en público; una charla en privado con un adolescente que tiene problemas hará mucho mejor que una crítica abierta.

Todo en el programa juvenil debe señalar hacia fines espirituales. Tal vez no sea fácil para la iglesia local competir con otros programas cuando se trata de deportes y actividades comerciales, pero puede estar seguro de que habrá poca competencia cuando se trata de asuntos espirituales. Dé a sus adolescentes un conocimiento práctico de la Biblia. ¿Dónde más lo pueden adquirir? Enséñeles la forma cristiana de encarar y resolver problemas. Ayúdelos a comprenderse y a aceptarse. La iglesia debe crear un ambiente emocionante en la que los adolescentes pueden madurar, descubrir y desarrollar sus dones, y crecer y convertirse en adultos bien equilibrados físicamente, socialmente, intelectualmente, y espiritualmente.

A veces el pastor tiene que ser el director juvenil hasta que pueda adiestrar obreros. Si fuera así, no lo considere como tiempo perdido, porque estará invirtiendo en las personas que son el futuro de la iglesia. Cuando usted influye en una persona joven, influye en toda una familia. Pida a Dios que le dé gente dedicada, que se identifique con los jóvenes y trabaje con ellos. No sea impaciente; cuando se presenten los debidos obreros, estará contento de haber esperado.

Tenga en mente a la juventud cuando se prepara para el Día del Señor. Es bueno recordarlos en la oración pastoral. Vea que haya alimento espiritual para ellos en cada mensaje. Trate de estar al tanto de lo que ocurre en las escuelas, y no deje de dar reconocimiento cuando los adolescentes logren algo especial. A veces una nota escrita a mano está en su lugar; los jóvenes disfrutan del correo común tanto como del electrónico.

Si los jóvenes de la escuela secundaria le parecen imposibles, minístreles lo mejor que pueda. Empiece a trabajar con los adolescentes menores y produzca un grupo de jóvenes dedicados. Llevará dos o tres años, pero vale la pena. Recuerde también que los grupos de jóvenes exitosos vienen y van, así que no se desanime si la cosecha del año siguiente no es tan dedicada como la del presente año. Después de la graduación de la secundaria, muchos de sus líderes adolescentes se irán a otro lugar a seguir sus estudios y usted tendrá que empezar de nuevo, de modo que planifique con anterioridad. Esté al tanto de los que pueden llegar a ser buenos líderes, y tenga en su programa de entrenamiento a algunos "Timoteos".

Trate de planificar con tiempo los programas juveniles. No hay razón por la que no esté planeando el programa de los dos meses siguientes mientras va dirigiendo el programa del mes en curso. Haga lluvia de ideas con los adolescentes mismos y se asombrará de sus buenas sugerencias. La variedad es importante. Varíe los temas, cambie de lugares de reunión, varíe los participantes, planifique algunas sorpresas. Durante el verano, aproveche la posibilidad de estar al aire libre. Si planea su calendario para la juventud, tendrá menos crisis de programas.

No se desanime. A veces el adolescente más descorazonador resultará ser un gran siervo del Señor. Cuando se sienta tentado a darse por vencido, recuerde cómo era usted de adolescente, y vuelva al trabajo.

Disponga una biblioteca de materiales que puedan ser utilizados para actividades juveniles, pero evite los programas que tratan a los adolescentes como si fueran niños del jardín de la infancia. Ellos necesitan materiales con recursos, no oratorias preparadas.

Finalmente, enseñe a su gente joven a ganar almas. Los jóvenes que testifican son jóvenes que crecen. Usted tendrá menos problemas con los adolescentes ocupados en alcanzar a sus amigos para Cristo. Los adolescentes que aman a Cristo de todo corazón querrán testificar de Él, de modo que deles la oportunidad. Siempre que haya nuevos jóvenes que se conviertan a Cristo, usted tendrá menos problemas con camarillas, y no será difícil encontrar suficientes participantes para los ministerios.

¿Debiera el pastor enseñar una clase de escuela dominical?

Algunos pastores deberían hacerlo y otros no. A favor de que el pastor enseñe están estas consideraciones: conoce la Palabra y debe ser "apto para enseñar"; puede dar el ejemplo y mostrar a los demás maestros cómo enseñar eficazmente la Biblia; debe tener un marcado interés en el buen éxito de la escuela dominical, y la enseñanza es la mejor forma de mostrar este interés; tiene tiempo para hacer visitas y desarrollar una clase exitosa; y enseñar una clase es una gran oportunidad de ganar almas y establecer contactos con familias nuevas.

Ahora a lo negativo: la enseñanza de una clase lo puede cansar y se le hará un tanto difícil predicar el sermón del domingo por la mañana. Cuando él se vaya de la iglesia, puede dejar una vacante que sea difícil llenar. A veces el nuevo pastor no desea enseñar una clase. La preparación para la enseñanza puede quitarle el tiempo que necesita para cumplir otras responsabilidades en la iglesia. Y otros maestros pueden sentir que el calibre de su enseñanza no llega a la altura de la enseñanza del predicador.

Nosotros pensamos que el pastor debe enseñar una clase si su salud lo permite. Probablemente, él enseñará a una clase de adultos, para que otros se puedan beneficiar de su ministerio. Nos reproducimos según nuestra semejanza, y no hay razón de que la clase del pastor no sea provisora de futuros maestros de la escuela dominical. El argumento de que los demás maestros no pueden competir con el pastor es pueril: ninguno en la iglesia de Dios compite con nadie. Somos "colaboradores de Dios" (2 Co. 6:1). La enseñanza del pastor debe servir para llevar a toda la escuela dominical a un nivel más alto.

¿Hay peligro de que el pastor use todo su material en una clase y así robe a la iglesia de la mejor enseñanza? ¡De ninguna manera! La Biblia está llena de riquezas espirituales, y si un hombre predicara o enseñara cuarenta veces por semana en vez de cuatro, no podría cubrir todo. Muchos pastores han descubierto que el trabajo preparatorio hecho para una clase de la escuela dominical les provee tesoros que pueden usar en púlpito. Si usted estudia constantemente la Palabra, no tendrá ningún problema en descubrir las riquezas espirituales que necesita para cada responsabilidad del ministerio durante la semana.

Cuando llegue al campo de labor, dedique tiempo a localizar la clase a la que Dios quiere que enseñe. Si toma la clase a la que enseñaba el pastor anterior, explique a todos que esto es temporal. Usted puede descubrir una debilidad en algún aspecto de la escuela dominical y querrá centrar su ministerio allí. Edifique ese campo, busque a alguien que se encargue, y luego pase a algún otro campo.

No debe de haber conflicto entre ser pastor y ser un maestro de la escuela dominical. Los miembros de las clases pudieran causar problemas ("¡Queremos asistir a la clase del pastor!"); pero se puede tratar con ellos personalmente y con amabilidad. A algunos pastores les agrada enseñar una clase compuesta de cualquier adulto que quiera asistir, aun de visitantes que se presenten. Esta clase grande puede servir para llevar alumnos a las demás secciones. Sin embargo, también se puede convertir en un imán que atrae a personas que debieran estar en otras clases.

Cuando una iglesia aumenta en tamaño, hay mayor necesidad de grupos pequeños, tales como clases de la escuela dominical y los grupos de crecimiento. En estos grupos los hermanos llegan a conocerse, descubren sus dones, y encuentran su campo en la obra del Señor. Válgase de la escuela dominical para reclutar y adiestrar a adultos, y probablemente alcanzará a todos. En este campo el pastor puede tener un ministerio muy eficaz.

¿Qué debo hacer para que se respete la división por edades en las clases de la escuela dominical y en otros grupos en que se divide por edades?

¡Esto es difícil! Mayormente, tratándose de niños y jóvenes no hay problema; son los adultos que nos dan los peores dolores de cabeza. (Un amigo es alguien que se acuerda de tu cumpleaños pero no de tu edad.") Hay dos maneras de tratar con esta situación, pero puede que no solucionen el problema. Una es dejar que la clase envejezca con el maestro y se mantenga unida hasta que tenga que ser dividida. Algunas escuelas dominicales se reorganizan cada tres o cuatro años. Esto es como "revolver la fruta en la canasta"; pero si se hace con buen espíritu puede servir para nivelar las divisiones por edades.

La segunda sugerencia es organizar una clase abierta para adultos, una clase para los que no se quieren identificar con la división de clases. A veces la clase del pastor, o la clase del auditorio, cae dentro de esta categoría.

Un viejo predicador provinciano dio en el clavo cuando dijo: "¡Aprende a cooperar con lo inevitable!" Usted tendrá momentos difíciles tratando de forzar para que hayan estrictos límites de edad, y es nuestra convicción de que las divisiones por edades demasiado apretadas no son buenas para una escuela dominical en crecimiento. Después de todo, este es un grupo voluntario y nadie tiene que asistir. Puede ser una empresa peligrosa regir a adultos en nombre de la educación cristiana.

Muchas escuelas dominicales han tenido gran éxito con clases electivas para los adultos. Este programa permite a los adultos agruparse al menos una vez al año conforme al interés en las lecciones y no según la edad. Pero no importa cuánto luche con esto, siempre habrá algunos buenos adultos cuya canción de lema es "Nada, no nada me he de mover". Aprenda a pasar esto por alto y acéptelo, pero sin borrar las pautas que toda organización necesita para prevenir el caos.

¿Qué puedo hacer para mejorar el ministerio musical en la iglesia?

Nuestro amigo, el finado J. Vernon McGee, una vez dijo: "Cuando cayó Satanás, ¡aterrizó en el desván del coro!" Un catedrático de seminario llamó al ministerio de la música "el departamento de guerra de la iglesia". Lamentablemente, en algunas iglesias, esto es cierto, pero no tiene que ser así.

Empecemos con un principio básico: la música en la iglesia debe ser la expresión de la vida espiritual de la misma. Colosenses 3:16 relaciona la música con el ministerio de la Palabra, la mutua edificación de la iglesia, y la condición del corazón del creyente. En otras palabras, si hay problemas con la música, el problema radica en el corazón. La solución no es un nuevo himnario ni tampoco un nuevo órgano. La solución es una obra profunda del Espíritu en el corazón de cada miembro. Así pues, en su ministerio de la Palabra, enseñe a su gente lo que significa cantar, tal como les enseña el significado de la oración.

Los buenos cristianos pueden estar en desacuerdo acerca de lo que les agrada o no en la música, pero si tienen mentalidad espiritual estarán de acuerdo en estas proposiciones: la letra tiene que ser fiel a la Palabra, la tonada tiene que estar entretejida con las palabras para que haya armonía, y los que presentan la música tienen que hacerlo de corazón.

Con lo primero, no tenemos problemas. Cualquiera que estudia la Biblia puede darse cuenta si un himno no es de sana doctrina. Un cantante no tiene más derecho a cantar una mentira de lo que un predicador tiene a predicar una mentira. Es con lo segundo que tenemos verdaderos problemas, porque no todo cristiano sabe cuándo la tonada de un himno es apropiada a la letra. Las melodías, como las ensaladas, apelan a distintos tipos de personas; aquí tenemos que ejercer amor y paciencia.

Tratándose de la tercera proposición, sólo el Señor (y el músico) sabe si el himno está siendo presentado sinceramente. La diferencia entre el ministerio y la presentación está aquí mismo: el ministerio viene del corazón y desea glorificar a Cristo, no al músico. Cualquiera que ministra públicamente con música en una iglesia debe obedecer la verdad bíblica que está siendo presentada en el himno. Cualquier otra cosa es hipocresía. En conclusión: la música en la iglesia tiene que tener las debidas palabras para la debida melodía, presentada por personas espiritualmente aptas. Su propósito es glorificar a Cristo, con la expresión de verdades eternas y el testimonio de la grandeza de Dios.

Los cantos de la congregación presentan sus propios desafíos. Cuando la iglesia crece en el Señor, necesita nuevas expresiones de fe y experiencia. No pueden cantar siempre "Cristo me ama". El coro puede dar ejemplo y enseñar nuevos himnos a la congregación. Al principio, algunos buenos hermanos se resistirán, pero presente los himnos en forma tan espiritual que sean tan bendecidos que mengue su resistencia. Vincule cada himno con la Palabra de Dios. Después de que la congregación cante un himno o un coro, repase la letra verso por verso, y pregunte a los hermanos qué versículos de la Biblia se relacionan con la letra. Esta puede ser una experiencia fascinante para la iglesia y convertirá al viejo himnario en un libro nuevo. Usted puede predicar una serie de mensajes sobre los antiguos himnos de fe y los mejores coros de alabanza.

Hay tres claves para la buena música cristiana: espiritualidad, equilibrio, y excelencia. Evite la música que mueve los pies pero no el corazón. La música que atrae a la carne nunca puede ser utilizada para edificar al espíritu. Asegúrese de tener variedad y equilibrio: demasiado de algo bueno es tan destructivo como no recibir lo suficiente. Tenga en mente que los hermanos de la iglesia están en distintas etapas en su crecimiento espiritual, y algunos de los bebés también tienen que expresar su fe. Finalmente, nunca se conforme con lo mediocre. Apunte hacia la excelencia. Cada iglesia no puede permitirse el lujo de tener un director de música dotado, pero el Espíritu sí reparte dones, y también trae a personas dotadas a servir en la iglesia. Ore que Dios provea el director de música que necesita, sea un laico a medio tiempo o alguien a tiempo completo. Y sea paciente. No critique la música en público ni haga avergonzar a nadie. Trabaje detrás del escenario para desarrollar espiritualidad, equilibrio, y excelencia, y Dios lo ayudará a hacer cambios a su debido tiempo.

Cuando alguien se esfuerza en planificar y preparar la música de adoración, predique un sermón que merezca esa inversión. No desperdicie su tiempo en trivialidades. ¡Ponga todo de sí en la prédica! La música ha preparado a los corazones para escuchar la Palabra, de modo que no vaya por un desvío. Si los músicos han hecho un trabajo excepcional, envíe una carta a su líder y agradézcales.

La iglesia tiene tanta visión misionera que descuidan la obra en nuestra localidad. ¿Qué debo hacer?

Oswald J. Smith lo dijo muy bien: "La luz que ilumina lo más lejos brillará más fuerte en casa." Hemos predicado en templos que se estaban derruyendo porque todo el dinero iba al exterior, ¡y los misioneros en el exterior estaban utilizando ese dinero para construir y reparar sus edificios! Hecho 1:8 nos ordena ministrar en casa (Jerusalén) *y también alcanzar otros lugares.* La conjunción es "y" y no "entonces" ni tampoco "o". Si los misioneros pierden el apoyo de su iglesia madre, ¿qué pueden hacer?

La respuesta es: oración, paciencia, y predicación. Hay que educar a las iglesias, y eso lleva tiempo. Gane almas para Cristo y enseñe a su gente a testificar, y pronto empezará a arder un fuego en casa. Establezca un programa económico que incluya las necesidades de la iglesia local y de la obra misionera. Recuerde a los hermanos que no es pecado gastar dinero en edificios y suministros en la localidad. Los misioneros, cuando vuelven, pueden ser de gran ayuda. Ellos saben que su obra en el campo misionero ha terminado si las iglesias en su país ya no pueden darles apoyo económico.

En sus oraciones en público, mencione a los misioneros por nombre, y trate de nombrarlos a todos durante unas cuantas semanas; pero ore también por la obra de Dios en la localidad. Dé reconocimiento por el trabajo bien hecho en casa. No dé a su gente la idea de que Dios tiene un premio especial para los cristianos que tienen pasaportes. A su debido tiempo, las actitudes cambiarán, y usted podrá edificar una base sólida en casa como en el ministerio misionero.

¿Hasta qué punto debe la iglesia hacer obra social? ¿Es esto parte del evangelio?

Los profetas del Antiguo Testamento rugieron contra el egoísmo del pueblo de Dios porque no cuidaban de sus necesitados. Jesús anduvo haciendo bienes

(Hch. 10:38). La iglesia primitiva ayudaba a los necesitados. Se nos encomienda "que, según tengamos oportunidad, hagamos bien a todos, y mayormente a los de la familia de la fe" (Gá. 6:10). Pablo encomendó a Tito que recordara a su gente a que hagan buenas obras (1:16; 2:7, 11-14; 3:1-8, 14), y con "buenas obras" significó más que predicar y repartir folletos. Él se refería a las obras prácticas de bondad de ayudar a la gente en sus momentos de necesidad.

El problema es que muchas iglesias sustituyen las buenas obras con el testimonio del evangelio. No es asunto de bien esto o lo otro, sino el uno y el otro. La ayuda que ofrecemos a hombres y mujeres en sus necesidades físicas y materiales es en sí un ministerio (He. 13:16), y también prepara el camino para más ministerio cristiano (Mt. 5:16). Tenemos que mostrar a las personas que nos importan antes de que puedan creer que le importan a Dios. Si en el campo misionero se puede ministrar en forma material, ¿por qué no sería debido hacerlo en casa?

Por supuesto, la iglesia local no debe abandonar el evangelio por la obra social. Pero hay gente en cada iglesia que puede visitar hogares necesitados, ayudar con entrega de alimentos y ropa, asistir a hombres y mujeres en su búsqueda de trabajo, y en cien otras maneras compartir el amor de Cristo. Si se sigue el ejemplo de Hechos 6, este trabajo debe estar en manos de los diáconos y sus esposas (diaconisas, si su iglesia las tiene).

Generalmente no es prudente dar dinero a la gente del fondo de la iglesia. Es mejor ayudarles a comprar lo que necesitan. Muchas iglesias levantan una ofrenda especial para estos gastos después del culto de Santa Cena. Otras iglesias simplemente designan una cantidad que sea distribuida por el pastor y los diáconos.

Alguien en su iglesia debe estar al tanto de las agencias de beneficencia en su localidad. La mayor parte de las agencias con gusto cooperan y comparten cualquier información que tengan. Generalmente, es mejor verificar con ellos antes de ayudar demasiado a una familia. Desafortunadamente, algunas personas necesitadas van de iglesia en iglesia a solicitar ayuda. Hemos sabido de familias con varios hijos que repartían a los niños a diversas iglesias durante las temporadas de Navidad y Semana Santa, y de esta manera obtenían una buena cosecha. Las iglesias en una comunidad o vecindad deben informarse mutuamente acerca de los "mendigos" que van de una iglesia a otra. Nuestro fin es ayudar a la gente, pero no perpetrar sus necesidades y malas costumbres. Las iglesias que trabajan unidas pueden hacer más por los necesitados que las que trabajan por separado.

¿Cómo podemos determinar si la iglesia debe dedicarse a la construcción de un edificio?

Hay que considerar por lo menos cuatro factores: la necesidad, la condición espiritual de los miembros, los posibles recursos, y los futuros planes de la iglesia.

Si la obra está progresando, necesitarán más espacio para hacer la obra. Antes de empezar a construir, trate de usar al máximo los locales disponibles. Algunas iglesias dividen la escuela dominical por turnos. Predicar en dos o más cultos matutinos es trabajoso, pero se está haciendo. ¡Algunos pastores predican en cuatro cultos matutinos! Por supuesto, si la condición del edificio es mala, usted tendrá que hacer algo. Vigile el crecimiento de la obra y lleve estadísticas precisas, no estimadas. Al poco tiempo sabrá si hay una necesidad definitiva.

Dedicarse a construir sin discernir la condición espiritual de la congregación es crearse problemas. Un programa de construcción es lo suficientemente difícil cuando la iglesia es espiritual; sería desastroso con una iglesia carnal. Generalmente, no es muy prudente lanzar a los miembros comunes la idea de un programa de construcción. Empiece con los líderes de la iglesia. Pase tiempo en oración y consulta. Trate de tomarle el pulso a la iglesia. ¿Estamos unidos? ¿Vemos evidencia de crecimiento espiritual y también numérico? ¿Tenemos fe para avanzar? ¿Es nuestra fiel mayordomía evidencia de que confiamos en Dios y obedecemos la Palabra? Para toda seguridad, aunque no alcance un acuerdo del cien por ciento en todos estos punto, es mejor que tenga por lo menos más de la mitad. El buen éxito o el fracaso de cualquier programa tienen mucho que ver con el tiempo en que se hace, y en ningún proyecto es más cierto esto que en un programa de construcción de una iglesia.

Sus recursos financieros son importantes. Nada estrangula tanto a una iglesia como una deuda imposible. Una deuda sensata puede ser un estímulo para la fe y el sacrificio, pero una deuda imposible encadena a la iglesia y estrangula otros proyectos importantes. Siempre tendrá gente incrédula que ve aproximarse una depresión, una bancarrota, o la ruina de la iglesia. A estas personas las amamos, oramos por ellas, y tratamos de no tomarlas muy en serio. Pero "en la multitud de consejo hay seguridad". Evalúe su situación, investigue los recursos, y permita que Dios le dé sabiduría y discernimiento.

Para terminar, nunca construya sin un plan definido para el futuro. Es mejor atrasar la construcción por un año mientras delinea un programa completo que tomar un préstamo para una expansión futura, debido a una estructura construida apresuradamente. Nunca construya por el hecho de impresionar a la gente, o para aliviar una situación que le provoca presión. Construya porque tiene un programa para la expansión de la obra y porque este paso es parte de ese programa. La parábola de nuestro Señor acerca de calcular los gastos se puede aplicar en más de una forma. (Lc. 14:28-30).

NOTAS

REFLEXIONES

PUNTOS DE ACCIÓN

Capítulo 9

LA VISITACIÓN

¿Es importante que el pastor haga visitación?

Para que nuestra predicación toque y cambie la vida de nuestra gente, tenemos que, como Ezequiel, "sentarnos donde ellos se sientan" y aprender cuáles son sus verdaderas necesidades. Los asalariados se mantienen a la distancia y escapan de los problemas, pero los verdaderos pastores siguen el ejemplo del Gran Pastor que siempre tenía tiempo el individuo y nunca hizo esperar a nadie. Jesús visitó hogares y compartió comidas con la gente e hizo de cada visita una oportunidad para ministerio espiritual. Él compartió la alegría de una boda (Jn. 2) y la pena de un funeral (Jn. 11). Aunque estaba muy ocupado, Jesús tuvo tiempo de tomar en brazos a los niños (Mt. 19:13-14) y de verlos jugar (Lc. 7:31-32).

Un pastor muy prominente dijo una vez: "Si entrara a una sala de un hospital no sabría qué decir." ¡Qué trágico es llamarse pastor y no tener el corazón de un pastor! Si usted es un pastor joven, descubrirá un día que la gente se olvidará de sus sermones maestros pero recordarán su bondad pastoral. Phillips Brooks dijo que un ministro tiene que ser un predicador para tener autoridad y un pastor para tener comprensión, y tuvo razón; y ambos son importantes. No importa lo que hagan los pastores prominentes, aprenda la importancia del cuidado pastoral y decídase por la gracia de Dios a amar a su gente. No podemos ganar almas o pastorear al rebaño si nos quedamos sentados tras un escritorio, tampoco lo podemos hacer parados tras un púlpito. Lea Santiago 1:27 si tiene alguna duda acerca del valor de visitas personales, y luego lea Mateo 25:34-46 para recordar que cuando visita a los hijos del Señor en sus necesidades, usted en realidad está visitando a Jesús.

Empecemos con la visitación pastoral entre los miembros de la iglesia. Separe horas definidas durante la semana cuando visitará los hospitales. Por supuesto, la cantidad de tiempo necesario depende del tamaño de su comunidad y cuántos hospitales hay. A no ser que los pacientes estén muy enfermos, no es necesario visitarlos a diario, y si tiene asistentes o ancianos compasivos, ellos pueden ayudarle a hacer las visitas. Tenga en la oficina de la iglesia una lista de los pacientes hospitalizados, con la información necesaria. Después de cada visita, el pastor o anciano puede agregar cualquier hecho que piense sea necesario para ayudar al que hará la siguiente visita. No se olvide de marcar cuando el paciente haya sido dado de alta. Archive las hojas de visitas al hospital para referencia en el futuro.

La nueva legislación en algunos países está dificultando la información acerca de cuándo una persona ingresa al hospital. A no ser que el paciente dé permiso al hospital para que dé información, el personal no puede tomar contacto con la iglesia y ni siquiera dar información por teléfono. (Puede que este no sea el caso en comunidades u hospitales pequeños.) Por lo tanto, tenemos que enseñar a los hermanos a mantener informada a la iglesia si esperan que se los visite y que se ore por ellos, en especial cuando hay emergencias.

En iglesias más pequeñas, el pastor puede visitar cada hogar en uno o dos meses y luego empezar de nuevo, pero sea la iglesia grande o pequeña, nunca debemos hacer una visita sólo para conversar o pasar el tiempo. Siempre debemos tener un propósito definido: llegar a conocer mejor a la familia, compartir alguna bendición espiritual, o discutir algún asunto vital. Sea de bendición, pero no malgaste el tiempo. Sea sensible espiritualmente al ambiente del hogar. Nunca dé la impresión de que está apurado, aunque así sea; y tenga en mente que está poniendo el cimiento para visitas futuras. Las visitas no tienen que ser largas para ser efectivas. Resista la tentación de tomar café y un pastel en cada hogar. Su familia y su médico lo apreciarán.

Un archivo de tarjetas o un cuaderno deben ser suficientes para mantener un registro de las visitas hechas. En lo posible, organice las visitas geográficamente; le ahorrará tiempo. Cuando vuelva de un funeral, planifique visitar a los miembros de la familia del finado que viven "en su campo de acción".

Haga una lista de posibles miembros y gente inconversa; ore por ellos y visítelos. Hay personas en la comunidad, hombres en particular, que responderán al testimonio de un pastor que se preocupa. Algunos pastores dedican un tiempo especial por semana sólo para "pescar almas". Es emocionante hacer esto, ¡y realmente enciende la chispa para la predicación del domingo!

No se desanime las visitas al parecer son una pérdida de tiempo. Usted está sirviendo a Dios y obedeciendo su Palabra, sea que la gente aprecie sus visitas o no. A veces hay que visitar más de diez veces a una familia antes de que se interese. "No nos cansemos, pues, de hacer bien; porque a su tiempo segaremos, si no desmayamos" (Gá 6:9).

En lo posible, deje que los maestros de la escuela dominical y los miembros de la iglesia visiten a los nuevos conversos y gente que llega de visita a los cultos. (Muchas iglesias tienen un sistema de registro para obtener los nombres de los visitantes. Esto resulta mucho mejor que un libro de visitas que puedan firmar.) Si sienten que el contacto es animador, le pueden informar y usted puede programar otras visitas. Recuerde que cuando el pastor visita se lo ve como un agente vendedor pagado. Cuando los miembros visitan un hogar, se los ve como clientes satisfechos. Los laicos que hacen visitación, que testifican, y que saben ganar almas son una gran fortaleza para la iglesia, de modo que llévelos consigo cuando visite y enséñeles cómo hacerlo.

Las visitas a miembros de escuela dominical y las encuestas religiosas son programas en sí. Muchas iglesias van una vez por semana a visitar a gente interesada y a quienes se han ausentado; algunas van cada dos semanas o aun una vez al mes. Lo importante es decidir un programa que resulte y que reúna las necesidades de su iglesia. Sencillamente imitar el programa de otra iglesia porque tiene buen éxito puede ser desastroso.

Decimos todas estas cosas acerca de la visitación aunque oímos decir que la visitación es un ministerio anticuado que no resulta en la sociedad de hoy. Es cierto, más y más mujeres trabajan fuera del hogar, algunos esposos tienen dos trabajos, y los solteros se ocupan de toda clase de actividades, de modo que es más y más difícil encontrar a la gente en casa. Pero eso no significa que debemos abandonar el ministerio de las visitas personales. Puede ser que tengamos que ajustar nuestro horario y la manera de hacer las visitas, pero no debemos aislarnos de la gente a la que servimos.

Algunos pastores organizan en la iglesia una recepción nocturna una vez al mes, a la cual invitan a los nuevos asistentes y a personas que han visitado durante el mes. Algunos de los líderes deben estar presentes, y la gente se puede conocer fácilmente mientras socializan, comen galletas, y toman café, te o ponche. Esta es una gran oportunidad para presentar el ministerio de la iglesia. Estas recepciones también se pueden hacer los domingos después del culto matutino.

¿Qué sugerencias tiene para el ministerio de visitación en los hospitales?

Llegue a conocer al personal del hospital y ofrezca sus servicios; pero no asuma una autoridad que no posee. De cualquier forma, llegue a conocer al capellán del hospital, aunque sea de distinto credo. El capellán se preocupa por el bienestar de los pacientes y gustosamente lo ayudará.

Visite a horas convenientes para los pacientes. Para muchos pastores, la hora indicada es cerca al mediodía, después del baño de los pacientes. Los pacientes están refrescados y limpios, no se han cansado con otros visitantes, y habrá menos interrupciones. Organice las visitas según los reglamentos del hospital. A los pastores generalmente les permiten visitar a cualquier hora (con excepción de la sala de maternidad), pero no se convierta en una peste. Un pastor que conocemos hizo una visita a las once de la noche y se quedó dormido orando por el paciente dormido.

Entérese de la condición del paciente. Un pastor preguntó a una paciente: "¿Fue esto una emergencia, o había planeado hospitalizarse?" La paciente respondió: "Yo planeé ingresar. ¡Acabo de tener un bebé!" Se estaban haciendo reformas en el hospital, de modo que ella no estaba en la sala de maternidad, y al pastor lo tomó de sorpresa. Un minuto en la recepción le habría salvado de esa vergüenza.

Sea jovial, pero no un humorista. Deje sus problemas y sus síntomas fuera de la puerta y entre determinado a alentar al enfermo. Siga siendo pastor; no se convierta en un médico amateur. Su diploma de seminario no es de medicina. No es apropiado que diagnostique el caso o que compare al paciente con otros a los que ha usted visitado. Nunca actúe de intermediario cuando un paciente y el médico no estén de acuerdo. Si no está de acuerdo con el médico encargado, no declare guerra. Si los pacientes tienen temores o frustraciones, sea un consejero y ayúdelos a encontrar paz en Cristo.

Sea breve. A no ser que realmente esté haciendo una obra espiritual y el paciente insista en que se quede, mantenga breve la visita. Las visitas largas a veces hacen más daño que bien. Cada visita debe levantar el ánimo del paciente y darle más esperanza y fe. En la mayoría de los casos, lea algo breve de la Palabra y haga una breve oración. No convierta a la cama en un púlpito ni predique a toda la sala. Una oración tranquila y personal junto a la cama es lo que necesita el paciente.

Preste atención a los demás en la habitación; salúdelos y sea amable. Si es una sala doble, o una sala de tres camas, incluya a los demás pacientes en su oración. Si hay otras visitas en la sala, espere una pausa en la conversación y pregunte: "¿Les importa si oro por todos?" Muy pocos pacientes o visitas se sentirán ofendidos. A menudo el nombre del paciente está escrito en una tarjeta sobre la cama, de modo que puede mencionar sus nombres al orar. Muchos pastores han ganado almas para Cristo sencillamente siendo bondadosos al visitar a un paciente.

Use literatura cristiana con juicio. No deje de leer cuidadosamente cualquier cosa que distribuya, porque un tratado inapropiado puede hacer mucho daño. Cuéntele a los perdidos acerca del Salvador. Hágalo con bondad y amor. Es mejor que anuncie el evangelio cuando tiene la oportunidad que perder un alma mientras espera una mejor oportunidad. Es prudente que adiestre a los miembros de la iglesia en la mejor forma de ser de bendición al hacer visitas en el hospital. A menudo en la predicación o en momentos de confraternidad personal tenemos la oportunidad de prevenir contra historias de lechos de muerte, remedios caseros, hablar y orar en voz muy alta, y otras práctica horribles que pueden impedir que los cristianos sean bienvenidos en el hospital. De hecho, a algunos hermanos se les debe aconsejar que no visiten el hospital. Puede que no les agrade, pero es mejor que se enojen algunos de los hermanos que perder el buen testimonio en el hospital.

¿Qué puedo hacer para animar a los hermanos a hacer visitación y a evangelizar?

Su ejemplo es lo más importante, pues la visitación se enseña mediante el ejemplo. Se esparce mejor por contagio, no por compulsión. Lleve consigo creyentes dedicados a servir al Señor cuando haga sus visitas y pida a Dios que toque sus corazones. Una vez que la persona ha aprendido cómo hacerlo y ha experimentado la bendición, puede compartirlo con los demás.

Las iglesias que tienen un programa de "grupos de crecimiento" descubren que los miembros de los grupos se preocupan unos de los otros y se ayudan cuando hay necesidades. Preparan comidas para familias con un recién nacido, ayudan a hacer compras y ofrecen transporte, y en muchas formas muestran amor cristiano práctico a la persona o a la familia.

En el debido tiempo en su ministerio, Dios lo inspirará a predicar acerca del aspecto de "ir" del ministerio de la iglesia. El libro de Hechos está lleno de ello. Enfatice el *por qué* y el *cómo* tanto como el *qué*. A no ser que el Espíritu esté a cargo, nuestras actividades serán más trabajo ocupado en un programa ya sobrecargado.

De oportunidad a que los hermanos testifiquen acerca de la bendición de hacer visitas, pero prevéngales de llamar la atención a los que no comparten este ministerio. Hay hermanos que no deben participar en la visitación, pero ellos pueden orar por los que hacen visitas. Tenga cuidado que su grupo de visitadores no se convierta en una "elite espiritual" en la iglesia, con la actitud de ser mejores que los demás.

Prepare literatura atractiva acerca de la iglesia y su ministerio para que los hermanos tengan material para usar durante la semana. Nunca ponga artículos negativos o de crítica en su boletín dominical, ya que esto puede ser utilizado equivocadamente. Un boletín alegre es una buena pieza promocional; uno descuidado es mejor que ni se imprima.

Algo más: como pastor, encárguese de que el ministerio sea algo que valga la pena invitar a los demás a compartir. La mejor manera de animar a los creyentes a testificar de Cristo es que la predicación de la Palabra sea tal que puedan con entusiasmo invitar a otras personas a los cultos. Tenga en mente que, aunque son los miembros de la iglesia los que traen a las visitas, es principalmente trabajo del pastor hacer que sigan viniendo.

¿Cómo podemos dar la bienvenida a los que vistan la iglesia y cuál es la mejor manera de dar seguimiento a esas visitas?

Esto depende del tamaño de la congregación y de la localización de las instalaciones. Es una regla básica que a ningún visitante se lo haga avergonzar. Algunas personas son sensibles y no se sienten bien con el reconocimiento público. En iglesias pequeñas, el pastor a menudo ve quién está visitando porque conoce bien a su congregación. En iglesias más grandes, el pastor puede dar la bienvenida a todos -tal vez aun pedir que se pongan de pie- y se les puede dar un "regalo de bienvenida" para que lleven a casa.

Por lo general, los visitantes no firman el registro de visitas. Es mejor pedir a toda la congregación que firme su nombre cada semana, usando tarjetas o una "carpeta de amistad". De esta forma los visitantes no se sentirán avergonzados ni que se los señala de manera particular. En algunas iglesias piden a los visitantes que alcen la mano y entonces se les da una tarjeta de registro y un paquete de materiales. Las tarjetas se recogen durante la ofrenda o al final de los anuncios. También hay "libros de amistad" que se pasan por las bancas para que la gente firme.

La efectividad del tiempo de reconocimiento de las visitas depende de la actitud del pastor. Si es amable, los visitantes se sentirán en casa. Si es reservado, tal vez sería mejor que otro miembro o pareja haga el reconocimiento. Quizá los diáconos pueden compartir este ministerio.

Algunas iglesias tienen una recepción para visitantes inmediatamente después del culto matutino, con refrescos livianos. En esa recepción el personal pastoral y otros hermanos pueden reunirse con todas las visitas al mismo tiempo. Dicho sea de paso, es más fácil hacerles firmar el libro de visitas en un aula de recepción. Cada semana, distintos miembros de la iglesia deben estar presentes para saludar a los visitantes y conversar con ellos.

El lunes por la mañana se debe enviar a cada visitante bien una tarjeta postal (preparada exclusivamente para su iglesia) o una carta. Guarde la tarjeta de registro para uso posterior. Quizás algún miembro de la iglesia podría servir en forma voluntaria como director de este ministerio de seguimiento; debe llevar las estadísticas y enviar el material por correo. Una vez que alguien ha visitado su iglesia, usted tiene el derecho de retribuir esa visita. En la mayoría de los casos, es mejor que los miembros de la iglesia más bien que el pastor hagan la visita, para que otros pastores no piensen que les está queriendo robar sus ovejas.

Durante la semana, alguien de la iglesia debe visitar el hogar y agradecer a las personas por su visita y determinar qué hay para el futuro. Si las personas son activas en otra iglesia evangélica, sencillamente agradézcales por su visita. Si están buscando asistir a otra iglesia, o si hay necesidades espirituales en el hogar, este hecho debe ser comunicado al pastor.

Creemos que debemos a nuestros pastores colegas el avisarles si sus ovejas están "haciendo visitas". A veces estas personas causan problemas que usted no quisiera tener en su iglesia. Esto no quiere decir que un creyente no tiene el derecho a cambiar de iglesia, pero esta mudanza debe hacerse con buen espíritu. Los visitantes que critican a sus pastores anteriores pueden criticarlo a usted después de afiliarse a la iglesia, de modo que sea cauto al tratar de edificar con ladrillos prestados.

NOTAS

REFLEXIONES

PUNTOS DE ACCIÓN

Capítulo 10

MATRIMONIO Y DIVORCIO

¿Cuál es la mejor manera de preparar a las jóvenes parejas para el matrimonio?

C uatro factores son necesarios para casarse: un hombre, una mujer, la sociedad, y si se realiza una ceremonia religiosa, Dios. (Lo sentimos, pero no aceptamos matrimonios del mismo sexo. (Vea Gn. 2:18-25; Mt. 19:1-9; Ef. 5:22-33.) Se requiere de una licencia matrimonial, de modo que es allí donde entra la sociedad, y el Señor es representado por la presencia de un clérigo en un templo.

Hay dos clases de preparación: la preparación general que es el resultado de su ministerio de la Palabra y los ejemplos de las personas casadas en la iglesia, y la preparación específica cuando aconseja a parejas que piensan casarse. Cada pareja consagrada al Señor es un ejemplo que pueden seguir las parejas comprometidas, y no estaría mal que algunos de estos veteranos tengan la oportunidad en los cultos de testificar acerca de la gracia de Dios.

Antes que acepte oficiar la ceremonia de casamiento de una pareja, considere la iglesia y su testimonio en la comunidad, porque lo que hace el pastor siempre se refleja en la iglesia. Es mejor aconsejar y casar a personas que conoce, personas afiliadas a la iglesia que le permitan prepararlas para este importante paso. Oficiar el casamiento de extraños —en especial de "gente que está de paso"— es causarse problemas. En muchas iglesias los miembros del consejo de administración se encargan de dar permiso a usar el templo, y una pareja tiene que rellenar una solicitud formal para que pueda tener su boda en el templo. No obstante, la junta directiva debe estar de acuerdo en que el pastor pueda casar en privado a cualquier pareja que él considere que deba casarse, pero no será en el santuario de la iglesia. A veces hay emergencias que necesitan de amor cristiano y no de leyes de una congregación, asuntos que no caben en la agenda de la directiva ni en el libro de actas.

El predicador que fielmente expone la Palabra cubrirá muchos temas relativos al hogar cristiano. En Efesios y Colosenses Pablo escribe a esposos y esposas y aun a los hijos. Jesús tenía mucho que decir acerca de la vida familiar, y los escritores del Antiguo Testamento también trataron el tema. Una vez al año sería prudente que predicara una serie especial acerca del hogar, pero no la haga muy larga ni negativa.

Asegúrese de que las personas que dirigen el ministerio juvenil den un lugar apropiado a los temas del matrimonio y el hogar. El tiempo ideal para preparar a los esposos y las esposas es en sus años de maduración, cuando ellos todavía son material moldeable. En realidad, aun el cuidado amoroso dado a los pequeños en la escuela dominical es una buena preparación para el matrimonio.

Debe haber una selección de libros acerca del hogar cristiano en la biblioteca de su iglesia. Debe tener accesibles varios ejemplares de los mejores libros que tratan este tema, y dar a los miembros la opción de comprar su propio ejemplar. Muchas iglesias tienen un seminario anual acerca del hogar, con un especialista invitado a dirigir las sesiones.

Su propio hogar ayudará a preparar a parejas para el matrimonio, de modo que ábralo a las parejas enamoradas y permítales que vean el ejemplo de una familia cristiana feliz. La manera en que usted trata a su esposa y a sus hijos en público tendrá gran influencia en los demás. Cuando los jóvenes vean su buen ejemplo, con gusto escucharán sus consejos.

El ministerio específico a una pareja debe empezar lo más temprano posible. Cuando usted ve que una pareja ha comenzado a tener citas seguidas, hágales saber que usted está interesado y que quisiera charlar con ellos. Dios lo guiará en esto, de modo que espere su dirección; de otro modo, la pareja puede pensar que usted se está entrometiendo. Haga una serie de citas con las parejas comprometidas, y no se queje acerca del tiempo que esto llevará. Es mejor que usted invierta su tiempo ayudándoles a edificar una base antes de que se casen que gastar más tiempo tratando de restablecer un matrimonio en quiebra.

Es aconsejable que la pareja visite a su médico lo más pronto posible para hablar acerca del aspecto físico del matrimonio. Hay excelentes libros que tratan este tema, escritos por cristianos, y éstos se deben de poner a disposición de la pareja.

No suponga que, porque la pareja creció en la iglesia y siempre ha dado buen testimonio, automáticamente tendrán un matrimonio exitoso. Casi todas las iglesias han pasado por la angustia de ver el divorcio de la "pareja joven ideal". Si usted detecta algún problema, trátelo honestamente y con amor. Si siente que hay necesidad de asesoría adicional, tal vez de un consejero cristiano profesional, entonces sugiera que la pareja reciba la asesoría lo más pronto posible, El matrimonio no *crea* problemas tanto como los *revela,* y el tiempo de descubrirlos y tratar con ellos es antes de que la pareja diga su "sí".

Hemos estado en el ministerio tanto tiempo que hemos visto algunos matrimonios de los que dudábamos que pudieran resultar en matrimonios muy felices, y otros que pensábamos que eran ideales, pero culminaron convirtiéndose en tragedias. Es difícil hacer predicciones en un asunto tan íntimo como es el matrimonio. Si usted tiene serias dudas, discútalas con la pareja de manera franca pero tierna. Ore con ellos. Anímelos a buscar la guía y la ayuda de Dios.

¿Qué debemos aconsejar a los que viven juntos y quieren casarse?

Si no han hecho profesión de fe en Cristo, trate primero de ganarlos para el Señor y luego trate con el problema moral. Si profesan ser salvos, muéstreles en las Escrituras que no es justa esta manera de vivir y que deben dejarla. ¿Puede usted prepararlos para el matrimonio mientras se están rebelando contra el Señor? Si se niegan a dejar de vivir juntos, entonces niéguese a casarlos y sugiera que vayan a otra parte. Si aceptan separarse hasta que estén legalmente casados, ofrezca un horario de asesoría matrimonial y trate de hacerles entender que lo que hicieron está mal. Las estadísticas de divorcio no son alentadoras para las parejas que vivieron juntos antes del matrimonio, de modo que no anime de ninguna manera esta práctica.

Esta es una situación muy difícil de tratar, especialmente si una de las partes pertenece a una familia de influencia en la iglesia o en la comunidad. Si actuamos como que nada anda mal, es como decir a los jóvenes de la iglesia (quienes probablemente saben más acerca de la pareja de lo que sabemos nosotros) que no es malo tener relaciones sexuales antes del matrimonio. Si muestra con amor su punto de vista, los hermanos de la iglesia comprenderán que a usted le importa su rebaño y que quiere lo mejor de Dios para ellos.

Usted probablemente tendrá su parte de "matrimonios de crisis", y tiene que tratar con cada uno individualmente. Avise a la iglesia que usted no casa a nadie sin haberlos asesorado antes. Quizá tenga un poco de oposición en esto, pero aguántela y manténgase firme. Cuando se presenten emergencias, considere cuidadosamente la situación y haga como Dios lo guíe. Estamos tratando con seres humanos, y no con piezas de ajedrez. Algunos matrimonios que hoy parecen ser imposibles, mañana quizá le traerán mucho gozo. En algunos casos, su asesoría tendrá que ser después de la ceremonia en vez de antes; pero esto es mejor que no dar asesoría.

No es prudente que un pastor case a extraños. Cuando una pareja que no conoce le pida que los case, diga que usted prefiere asesorar a las personas primero y que el consejo de administración tiene que dar su permiso para el uso del templo. Como usted no conoce el estado civil de la pareja, pudiera oficiar una ceremonia contraria a las enseñanzas bíblicas. Tampoco es muy prudente ni ético enviar a estas parejas a un pastor colega y ponerlo a él en una situación embarazosa.

El divorcio y las segundas nupcias es un tema controversial en muchas iglesias. ¿Qué puedo hacer para tomar las debidas decisiones?

Muchos buenos cristianos están en desacuerdo acerca del divorcio y las segundas nupcias, si esto es bíblicos o no, y la última palabra probablemente no se dirá aquí en la tierra. ¡Pregunte a diez pastores lo que piensan y quizás obtenga diez repuestas distintas! Lo mejor que puede hacer es examinar cuidadosamente la enseñanza bíblica y leer ampliamente acerca de distintas opiniones. Pida al Espíritu que lo guíe y no tema expresar cualquier verdad que el Señor le revele. "Cada uno esté plenamente convencido en su propia mente" (Ro. 14:5). Discuta el asunto con líderes sabios en la congregación y también con pastores maduros a los que usted respeta. Una vez que ha adoptado una posición, trate de mantenerla con amor a no ser que los estudios que haga revelen algún nuevo elemento.

Evite adoptar una actitud de ser más santo que las personas en la iglesia que tienen matrimonios desafortunados. Es posible ser amoroso y comprensivo aunque uno no esté usted de acuerdo con las personas.

Verá usted que es mejor evaluar cada caso según sus propios méritos. Creemos que Dios perdona todo pecado (Mt. 12:31), y que cuando Dios recibe a los pecadores justificados, nosotros también debemos recibirlos (Ro. 15:7). Es contradictorio predicar la gracia y practicar la ley, y es cruel considerar como pecados imperdonables al divorcio y las segundas nupcias. Esto no significa que la iglesia debe rebajar sus normas y dejar de exaltar el matrimonio cristiano, pero sí significa que no debemos más allá de la Palabra en tratar estos asuntos. El pastor que se queda en una iglesia por un tiempo se sorprende cada año al descubrir más casos de enredos maritales.

Si un pastor considera que todo divorcio va en contra de las Escrituras o que cualquier segundo matrimonio después del divorcio (por cualquier razón) es contrario a la Biblia, e insiste que las personas divorciadas que se vuelven a casar no puedan afiliarse a la iglesia, entonces tiene que ser consecuente y despedir de la iglesia a cualquiera que viola esta posición y negarse a aceptar en la familia de la iglesia a todos los que la violan. No sabemos de ningún precedente en las Escrituras para tal posición, y nos preguntamos cómo se puede mantener a la luz de 2 Corintios 5:17, Efesios 4:32, y decenas de otros versículos que claramente enseñan el perdón y la aceptación en Cristo.

Antes de aceptar el llamado a ser pastor de una iglesia, es necesario que exprese su convicción en este asunto, como también cualquier cambio en sus puntos de vista conforme progresa su ministerio. Creemos que el pastor debe tener completa libertad cuando se trata de casar a la gente, y que no debe ser dirigido por la junta directiva o la congregación. Hay situaciones que sólo él y el Señor deben conocer, y tener que tratarlas con una junta directiva sería una violación a la confianza depositada en él. Opinamos que es muy desafortunado considerar los puntos de vista acerca del matrimonio y el divorcio como prueba de comunión o ministerio. "Ahora conozco en parte" dijo el apóstol Pablo (1 Co. 13:12).

Jesús vino a "sanar a los quebrantados de corazón" y ese también debe ser nuestro ministerio. Habrá más y más problemas maritales en los días venideros, y la respuesta no está en leyes más estrictas o procedimientos de afiliación a la iglesia más duros. La respuesta es un ministerio positivo que lleva a los jóvenes hacia la madurez y hacia una comprensión compasiva de los que han sufrido. La familia de Dios está compuesta de toda clase de personas (1 Co. 6:9-11; Gá. 3:28), y el pastor tiene que amar y ministrar a todas. El amor, la paciencia, la oración, la Palabra, y una práctica de Efesios 4:32 hará bastante para curar corazones quebrantados y restablecer hogares destrozados.

¿Qué de las parejas que "tienen que casarse"?

Este problema es más frecuente ahora y sin embargo no causa el mismo estigma que hace una o dos generaciones. Su primera responsabilidad, como lo vemos nosotros, es ayudar espiritualmente a la pareja y ministrar a los seres queridos afectados. Apenas usted descubra el problema, reúnase en privado con la pareja. Busque guiarlos al perdón y la aceptación de Dios

¿Deben casarse sólo a causa del embarazo? Si ya habían planeado casarse y si son apropiados el uno para el otro, entonces deben convertirse en marido y mujer. Pero no deben casarse sencillamente por razón del embarazo. Deben casarse sólo si es la voluntad de Dios para sus vidas. Muchas veces este problema es indicativo de que no deban casarse, que algo anda mal en su relación. El que se casen sólo por darle un hogar al bebé, y luego eventualmente se divorcien, sería agregar un pecado al pecado y sus promesas matrimoniales no serían más que hipocresía.

Si no se casan, tienen que decidir el futuro del niño. La mayoría de las comunidades tienen agencias que se encargan de estos bebés, y usted necesita ayudar a la joven a tomar contacto con una de esas agencias. Por supuesto, ella tiene que decidir; pero usted puede ayudarla a encarar y solucionar los problemas que implica esta situación. Algunas jóvenes quieren quedarse con el bebé como un castigo, una situación que crea dificultades para el niño. En la mayoría de los casos, es mejor hacer un arreglo para que el niño sea adoptado en un hogar cristiano. La joven entonces puede empezar de nuevo su vida. Cada caso es individual, de modo que no nos atrevemos a hacer generalizaciones. Lo único que no aprobamos es el aborto.

Si la pareja, o uno de los dos, es miembro de la iglesia, debe guiarlos a una experiencia de perdón de parte de la congregación. No es necesario exponer los detalles, pero tampoco debemos rebajar el pecado. Ha sido nuestra experiencia que muchos de los jóvenes de la iglesia sabrán acerca del problema antes de que los diáconos lo descubran. Si el miembro se niega a corregir las cosas, usted tendrá que pensar en aplicar la disciplina de la iglesia; pero lo más importante es la sanidad de los corazones destrozados. Haga las cosas con calma, ore al Señor, y no se apure en empezar el procedimiento de disciplina. Dé tiempo a Dios de obrar.

Si la pareja se casa, sugiera que tengan una dedicación pública del niño y de su hogar. Esto se puede hacer en un culto matutino, y será un testimonio a la iglesia y al mundo de que la pareja está comenzando de nuevo en el Señor.

A veces ocurre un aborto espontáneo o el bebé nace con un impedimento, y la pareja puede tomar esto como el juicio de Dios sobre ellos y su matrimonio. Dedíqueles tiempo y ayúdelos a cruzar este valle. No juzgue, porque sólo Dios sabe por qué ocurren estas cosas (Jn. 9:1-4). Anímelos a abrir su corazón al amor del Señor y a su ayuda. Mantenga el contacto con ellos; a veces estos problemas no se solucionan en muchos meses.

En ocasiones una pareja de ancianos viven juntos para ahorrar en gastos, pero no quieren casarse para no perder ciertos beneficios económicos que reciben del gobierno o la comunidad.

Sí, hay pecadores ancianos como también existen pecadores jóvenes. Un pecado es un pecado sea cual sea la edad de los pecadores. En algunos casos suele suceder que una persona mayor intrigante encuentra una pareja ingenua y servicial, hace este arreglo a expensas de la pareja, y se queda el tiempo suficiente hasta que encuentre una situación que le siente mejor. Pablo escribió acerca de personas que defendían su desobediencia con estas palabras: "Hagamos males para que vengan bienes." Su veredicto fue que su "condenación es" (Ro. 3:8). Pablo ordenó a las iglesias locales que cuidasen de las viudas (1 Ti. 5) pero no dijo que toleraran a los viudos y las viudas impías.

NOTAS

REFLEXIONES

PUNTOS DE ACCIÓN

Capítulo 11

LA MUERTE Y LOS FUNERALES

*¿Cómo puedo mejorar mi ministerio a los moribundos
y a los que lloran la muerte de un ser querido?*

Lo primero que tiene que hacer es establecer como "ley de los medas y los persas" que nadie jamás haga bromas acerca de la muerte ni cuente anécdotas de funerales en los cultos públicos de la iglesia. Hemos visto a hermanos de la iglesia quedar muy afectados cuando un predicador visitante trató de avivar el culto contando una anécdota acerca de un funeral. Alguien que tiene el corazón destrozado viene a la iglesia para recibir ánimo y consuelo, no para que nuevamente se les destroce el corazón.

Una persona que tiene corazón de pastor instintivamente hará lo debido cuando sus ovejas estén pasando por el valle. Un creyente moribundo tal vez no sepa que usted está a su lado en el hospital o en su casa, pero los seres queridos lo saben, y lo recordarán. Cuando una persona muere, uno de los últimos sentidos que pierde es el oído, de modo que es posible ministrar a los inconversos y decirles cómo ser salvos. Aunque no puedan hablar, tal vez le pueden apretar la mano significando que escuchan, comprenden, y creen. Sí, a veces cuestionamos las conversiones en el lecho de la muerte, pero luego nos acordamos del ladrón en la cruz.

Apenas se entere de una muerte en la familia de Dios, trate de tomar contacto con los familiares. Tal vez deba llamar por teléfono primero y consultar si puede visitar. Generalmente es mejor llegar al hogar del difunto lo más pronto posible, sin importar la hora del día o la noche. Podemos decidir horas para asesorar a la gente, pero no para consolar. "Que prediques la palabra; que instes a tiempo y fuera de tiempo" (2 Ti. 4:2).

Una vez que llegue a la casa del fallecido, hable en voz baja. Un pastor conversador y bullicioso hará más daño que bien. No se encargue de la situación. Después de llegar, exprese su sentido de pésame y esté listo a escuchar y ayudar. Su visita no tiene que ser larga. En algún momento de la visita, ofrezca leer una porción de las Escrituras y orar. Al dirigir la oración, hágalo de corazón. Una lectura superficial de la Palabra seguida por una oración de rutina sólo incrementará el dolor emocional. Pida a Dios que le dé compasión.

Planifique el servicio fúnebre según la necesidad de los deudos. El familiar más cercano al finado debe tomar la decisión acerca de la hora, el lugar, y la música. Pregunte si hay alguna Escritura favorita que quisieran que se lea. Si usted ha estado en la iglesia largo tiempo, ya debe conocer a la familia, y su preparación será más sencilla. Mantenga corto el servicio y vaya al grano; los servicios largos a menudo profundizan las heridas. Su mensaje debe centrarse en una verdad consoladora; una exégesis doctrinal acerca de la muerte o la resurrección no es apropiada. Usted estará aplicando bálsamo a los corazones destrozados, de modo que sea tierno. La gente necesita medicina aliviante, no prescripciones complicadas.

No es prudente opinar si el finado ha ido al cielo o al infierno. Sí, podríamos ensalzar la vida de santos radiantes cuya confesión de Cristo fue victoriosa, pero tratándose de los demás es mejor dejarlo en manos de Dios. "Conoce el Señor a los que son suyos" (2 Ti. 2:19). Y tratándose de los que pensábamos que eran pecadores endurecidos, nunca sabemos lo que puede haber pasado entre el Señor y ese corazón humano aun en la última hora de vida. Siempre asegure que cualquiera que confía en Jesucristo es salvo, pero que no es sensato atrasar esa decisión.

Haga una visita al hogar lo más pronto posible después del funeral. Vea si hay señales de problemas emocionales. Estudie la excelente literatura accesible acerca de la psicología de la pena profunda. Esté a disposición de los dolientes durante los difíciles días de ajuste. También, esté alerta a los desacuerdos familiares. La pérdida de un ser querido puede abrir antiguas heridas o hacer que las personas se sientan culpables. Esta es una de las razones por las que hay conflicto entre los familiares durante un funeral o después del mismo.

Su fiel ministerio semana tras semana ayuda a preparar a la gente para la hora del dolor. Predique como un hombre moribundo a gente moribunda, y cuando la muerte visite al rebaño, tanto usted como la congregación estarán preparados.

¿Debo aceptar un honorario por conducir en servicio fúnebre?

La mayoría de los directores de funerarias ponen el honorario en el costo total del funeral. Algunos, sin embargo, lo dejan a criterio de la familia. No es justo pedir un honorario, pero si la familia no está afiliada a la iglesia ciertamente deben pagarle por dedicar tiempo para atenderlos. Como la mayor parte de los miembros de la iglesia contribuyen al pago de su salario, es otro asunto aceptar una ofrenda de ellos. Sin embargo, usted verá que muchos miembros de la iglesia querrán mostrar su amor y aprecio a su pastor en retribución por su ministerio fiel. No se avergüence: se necesita gracia para ser un buen receptor tanto como para ser un buen dador. Diga: "Gracias. Usaré este dinero en la obra del Señor." Muchos pastores invierten los honorarios de funerales en la compra de libros, e incluso escriben en la primera página: "Un obsequio de la familia_____."

Pero hay veces que no es prudente aceptar un donativo, como cuando la familia es necesitada, o si la familia ha servido fielmente a la iglesia durante mucho tiempo. Sugiera que den la ofrenda al ministerio de la iglesia como un conmemorativo, o que la entreguen para una causa misionera. Si insisten en que usted reciba el donativo, hágalo, pero entréguelo a la iglesia y envíe una nota de agradecimiento junto con un recibo. En más y más iglesias se está acostumbrando hacer donaciones conmemorativas.

¿Cómo puedo conducir un servicio fúnebre para un extraño?

Generalmente el director de la funeraria llama para hacer los arreglos. Obtenga la información necesaria de él, incluso algo que sepa que lo ayudará en su ministerio. Después de haber estado en una iglesia durante algunos años, usted llegará a conocer a los directores de las funerarias, y verá que tienen la voluntad de ayudarle.

Visite a la familia del difunto para conocerlos, pero cuídese de opiniones con prejuicios de ajenos. Cuando llegue a la funeraria, esté atento a señales que lo ayudarán a comprender mejor la situación. Su "radar ministerial" le ayudará.

Obviamente, un mensaje fúnebre por un extraño no puede ser tan personal como por alguien que usted conoce. Hable de las grandes verdades del evangelio y del amor de Jesucristo. No se concentre en el difunto, si ha ido al cielo o al infierno;

predique a los vivos y trate de dar consuelo. Su forma de manejar el servicio fúnebre podría darle una oportunidad de ministrar a la familia más adelante y tal vez ganarlos para Cristo y para la iglesia.

¿Debo repetir mis mensajes fúnebres? ¿Cómo puedo desarrollar nuevos mensajes?

Usted sin duda leerá los mismos pasajes de servicio en servicio —Juan 14; Salmo 23; 1 Tesalonicenses 4:13-18 son los favoritos de todos—, pero tiene que adaptar el texto del mensaje para las necesidades de la hora. Tenga un cuaderno de apuntes con sus mensajes, y escriba en cada bosquejo las fechas en las que lo usó y para quién. Pida a Dios que le dé un mensaje personal para cada servicio. Es pecado despolvar un mensaje mientras está en camino a la funeraria. Tampoco es prudente que repita un mensaje rutinario funeral tras funeral. Cada funeral es diferente, y cada uno exige un toque personal.

En su lectura devocional de la Biblia habrá textos que le gritan: "¡Predícame!" Agregue estos a su cuaderno o archivo de sermones. Con el tiempo, en meditación y servicio, el Espíritu madurará el texto para convertirlo en un mensaje. Los pastores que andan con Dios siempre tendrán esa "palabra a tiempo" dada por el Espíritu (Is. 50:4). Conforme crezca en su vida espiritual, usted dejará de usar algunos mensajes y preparará muchos nuevos. Algunos textos tendrán un significado especial para usted, y los usará con más frecuencia.

Esto puede sonar mórbido, pero si usted tiene ancianos en su iglesia, o miembros que están hospitalizados o tienen enfermedades mortales, pida a Dios que le dé los mensajes que necesitarán los seres queridos de estas personas, y esté preparado para cuando la persona muera. No hay necesidad que cunda el pánico si la persona persiste varias semanas. No diríamos a nuestra gente que tenemos los mensajes funerales preparados para ellos, pero sí oraríamos y planearíamos de antemano. Esto se aplica en especial a los pilares de la iglesia y los obreros fieles. Las oficinas de periódicos diarios tienen preparados obituarios para gente importante; los pastores pueden tener ideas de sermones madurando para su gente.

¿Es mi obligación asistir a los funerales de parientes de miembros de nuestra iglesia, personas que no pertenecían a nuestra congregación?

Como su pastor, usted ministra primeramente (pero no exclusivamente) a los miembros de la iglesia, y puede hacer esto conduzca o no el servicio fúnebre de su ser querido. Hemos visto que es de gran ayuda hacer una visita en el hogar y luego ir brevemente al velorio. Por lo general, los hermanos no esperarían que usted asista al funeral, pero pueden apreciar una visita algún día durante la semana después del entierro. Si uno de los miembros de la familia pide verlo, puede haber algún problema que necesita de solución, de modo que esté a la orden. Como mencionamos anteriormente, la pena abre heridas antiguas, causa culpabilidad, y prepara el terreno para el conflicto. Si el asunto es serio y se esparce, usted y el pastor oficiante deberán reunirse en privado para oración y consulta.

Sugerimos que tenga una columna de "pérdida" en la carpeta de adoración o en el boletín de la iglesia que mencione a las familias de la iglesia que han experimentado la pérdida de seres queridos.

¿Qué de los "servicios conmemorativos" y la incineración?

Más y más familias parecen estar pidiendo un entierro privado de su ser querido, seguido por un servicio conmemorativo público. El entierro es lo que dice "este es el final", y es un momento muy difícil. Pero una vez que ha pasado el procedimiento, es más fácil para la familia y los amigos participar en un servicio conmemorativo que honra al difunto y glorifica al Señor. Usted no tendrá que preocuparse por la hora y no hará esperar al personal del cementerio.

Sin embargo, no permita que el servicio conmemorativo se sobrepase, porque entonces hará más mal que bien. La familia debe planificar el servicio tal como planearía un funeral tradicional. La diferencia está en que el servicio conmemorativo permite que más personas hagan uso de la palabra, es más flexible, y tal vez el ambiente es más relajado. El peligro está en que algunos parientes y amigos parlanchines se encarguen y gasten demasiado tiempo. Si usted como pastor tiene que dar el mensaje después de una cantidad de personas tan parlanchinas, su texto tendrá que ser: "Todos los que antes de mí vinieron, ladrones son y salteadores" (Jn. 10:8).

Tratándose de la incineración, se está volviendo más aceptable entre los creyentes, en especial donde el espacio para entierros es limitado. La gente solía optar por la incineración porque los costos eran menores que en un entierro tradicional, pero eso está cambiando y los gastos para la incineración han aumentado. Muchos creyentes sinceros asocian la incineración con prácticas paganas y sienten que ésta no es un buen testimonio cristiano. La incineración lleva a cabo en unas cuantas horas lo que la naturaleza hace en sesenta o setenta años, y hacemos embalsamar cadáveres mayormente para el propósito de que sean vistos públicamente, no para preservarlos indefinidamente. El cuerpo eventualmente se convierte en polvo.

Nosotros creemos en la resurrección de los muertos, pero la resurrección no es reconstrucción. Si un cuerpo es incinerado y las cenizas son esparcidas, o guardadas en una urna, esto no hará ninguna diferencia cuando Cristo vuelva. Recibiremos un nuevo cuerpo; habrá continuidad pero no identidad, igual que la flor que viene de la semilla sembrada (Jn. 12:23; 1 Co. 15:35-58). Ya que la salvación comprende a toda la persona: espíritu, alma, y cuerpo (1 Ts. 5:23), mostramos respeto al cuerpo tanto en la vida como en la muerte. No obstante, tenemos que tener cuidado de que el funeral no sea tan "centrado en el cuerpo" que olvidemos el mensaje de vida en Cristo Jesús.

NOTAS

REFLEXIONES

PUNTOS DE ACCIÓN

Capítulo 12

LOS COMPAÑEROS DE TRABAJO

¿Cuál debe ser mi relación con antiguos pastores de la iglesia, especialmente mi último predecesor?

L as historias acerca de los antiguos pastores a menudo son como las historias sobre las suegras: son sencillamente historias. Decida que no envidiará a ningún otro siervo de Dios y que nunca considerará a un antiguo pastor como una amenaza a su ministerio. A veces es necesaria mucha gentileza para lograr esto, pero es esencial si quiere tener buen éxito.

Para comenzar, tenga en mente que no estamos para competir en la obra de Dios; todos somos colaboradores de Dios. No hay dos pastores que tengan los mismos dones, que alcancen las mismas metas, o que ministren de la misma manera, pero aun así Dios puede usarlos a ambos. Uno ara, otro siembra, otro riega, otro cosecha, pero es Dios que da el crecimiento (1 Co. 3:3-9). De modo que el primer paso para entendérselas con su predecesor es desarrollar una clara comprensión del significado del ministerio. Él tiene sus dones y (esperamos que) los haya usado para contribuir con su parte a la iglesia. Usted tiene sus dones y los usará para seguir edificando la iglesia. El siguiente pastor vendrá y contribuirá con sus talentos.

Siempre diga algo bueno acerca de sus predecesores. Cuando los miembros hablen bien de ellos, anímelos a hacerlo. Aunque sus predecesores hayan fracasado en algunos aspectos (¿no lo hacemos todos?), busque algo bueno que decir acerca de ellos. Haga esto sinceramente y no como un ardid para ganar amistades e influenciar a la gente. Si usted ora por el pastor que lo precedió, como debiera hacerlo, no tendrá problemas.

Cuando oiga críticas, trate de cubrirlas con amor y bondad. El miembro que critica a un pastor anterior probablemente lo criticará a usted cuando se vaya, o tal vez antes de que se vaya. Anuncie que usted no tolerará críticas injustas. Después de un tiempo, probablemente dejarán de criticar

Si fuera posible, hágase amigo de su predecesor. Si es un hombre de Dios, no invadirá su territorio, no visitará a los miembros, ni causará problemas en forma deliberada. Pero no puede esperar otra cosa sino que él quiera ver a los hermanos de la iglesia si visita el lugar, en especial si se aprecian. La ética profesional haría que él primeramente tome contacto con usted, pero no todos los pastores conocen la ética. Cada pastor tendrá dos o tres familias en la iglesia con las que tiene una amistad especial; nada bueno vendrá si trata de romper esas amistades. Confíe en que su predecesor no causará problemas. Él debe ser tan prudente que no visite el lugar muy pronto después que usted haya llegado, a no ser que la iglesia le invite a visitar. Si él sugiere visitar demasiado pronto, no dude en decirle que prefiere que espere un poco. La franqueza y el amor generalmente prevalecen entre las personas que aman al Señor.

El pastor anterior puede ser de ayuda para usted pero no acuda a él con todos sus problemas. Él puede haber causado algunos de esos problemas. Además, no es bueno que empiece su ministerio adoptando los prejuicios y puntos de vista de él. Que le ponga al corriente de todos los miembros de la iglesia es lo peor que podría ocurrir a un nuevo pastor. Si empieza esta chismografía pastoral, sugiera amablemente que no quiere tener nada que ver con eso. Esto no significa que él no pueda prevenirle de personas que realmente causan problemas (2 Ti. 4:14-15), pero sí significa que él no debe decirle lo que le agrada y lo que no le agrada y esperar que usted lo imite.

¿Qué del pastor anciano que se jubila y se queda en el lugar? Esta es una situación especial que requiere una medida extra de gracia. Si el ministerio de su predecesor fue largo y fructífero, y la gente lo amaba, esté agradecido y comparta este amor. Ministre con amor a su predecesor y él será de ayuda para usted. Además, su amor por él lo ayudará a ganar el amor de los hermanos de la iglesia. Apenas se haga notar envidia o alguna fricción, póngalo en manos del Señor y arregle las cosas. De otra forma todo su ministerio se envenenará, y esto puede llevar al desastre. Si los hermanos prefieren que un pastor anterior realice matrimonios y funerales, sea paciente. Sugiera que usted abra el servicio, o que participe de alguna otra forma, pero deje que él oficie. A su tiempo usted ganará el amor y el respeto de su gente.

Cuando sea oportuno, invite a su predecesor a venir a predicar. Pero tenga en mente que no todos estarán de acuerdo con esta idea, porque los líderes tienen enemigos al igual que amigos. Haga de ello una ocasión feliz de vuelta a casa y cosechará beneficios en los años venideros.

¿Qué hacemos cuando el pastor anterior se fue bajo circunstancias dudosas, tal vez hasta un pecado? Investigue sigilosamente la situación y llegue a su propia conclusión. Usted tiene todo el derecho de hablar con su predecesor y obtener su punto de vista. Si hubo un grave problema moral, entonces usted tiene que ser precavido en su amistad; no vaya a ser que abra heridas antiguas en la iglesia. Por cierto, usted puede ser un buen amigo y hermano cristiano, pero eso no significa que tiene que invitar a su predecesor a que vuelva a predicar o que deba animar a los hermanos a que nuevamente abran el caso. Sin duda el pastor anterior estará contento si usted deja que se siente el polvo.

Algún día, *usted* será el pastor anterior, de modo que tenga cuidado de la manera en que actúa hoy. Puede que no sea fácil, especialmente si su sucesor parece estar derribando todo lo que usted trabajó arduamente para edificar, pero déjelo en manos de Dios y no interfiera. En especial, no escriba cartas y no crea en todos los chismes. Ore por la iglesia y su sucesor y are en su propio campo.

¿Hasta qué punto debo confraternizar con otros pastores del lugar, especialmente los que no parecen ser fieles a la Palabra de Dios?

La palabra confraternizar significa "tener en común" y ciertamente usted tiene muy poco en común con un predicador que no es convertido o que no acepta la Biblia como la Palabra de Dios. Sin embargo, esto no significa que deba tratarlo como a un enemigo. Es posible que sea amigable con él y que aun lo ayude a comprender mejor la Palabra, pero no comprometa su testimonio de ninguna manera. Un trato bondadoso siempre es lo debido, aun cuando no esté de acuerdo.

Si usted limita su amistad y comunión sólo al grupo al que pertenece, puede morir de soledad y perder mucho enriquecimiento. Si un pastor ha nacido de nuevo y busca servir a Cristo, usted puede tener comunión con él sin considerar de cuál denominación es. En realidad, él lo puede necesitar a usted tanto como usted a él. La prueba de la comunión es Jesucristo, su persona, y su obra (1 Jn. 4:1-6), no nuestra propia interpretación de la verdad de Dios. Casi todas las principales denominaciones de hoy tienen sus evangélicos y sus liberales, y es mejor que juzguemos (en el mejor sentido) a los ministros por lo que son y no por su afiliación.

Antes de concluir que nuestro propio grupo es el único perfecto, recordemos que había un Judas entre los Doce, y ni siquiera Pedro sabía que Judas era del diablo (Jn. 6:66-71). Antes de rechazar a los que no pertenecen a nuestro grupo, leamos la amonestación de Cristo en Marcos 9:38-41. Podemos pensar que nuestra iglesia es la única verdadera en la ciudad, pero en Apocalipsis 2 y 3 Jesús llamó "iglesias" a grupos que tenían imperfecciones y serias debilidades.

Ha sido nuestra experiencia que necesitamos la comunión con otros pastores. El pastorado es un trabajo difícil, y los siervos de Dios podemos ayudarnos mutuamente a mantener los brazos en alto mientras peleamos juntos la batalla. Aceptamos el hecho de que hay una diferencia entre conocerse, ser amigos, y confraternizar, y que no es lo mismo tomar una taza de café con un amigo pastor que pedirle que predique en nuestro púlpito. Habrá pastores en su localidad que quizá no estén de acuerdo con usted en cada detalle de la teología pero cuya comunión enriquecerá su vida y su ministerio. Busque conocerlos, ore por ellos, y ore con ellos. Concéntrese en las importantes facetas de la fe, no en las cosas de menor importancia. Aprenda a escuchar y aprenderá de ellos.

Aun cuando las iglesias no puedan colaborar en el ministerio, los pastores pueden ser amigos. No es bueno que los inconversos en nuestras comunidades vean pleitos entre pastores e iglesias. Algunos pastores se dedican a combatir a otros y hasta atraen gente atacando a otras personas en público. Es cierto que debemos defender la fe, pero centremos la atención en la doctrina, no en las personas. Además, los pastores tienen la tendencia a mudarse, de modo que tenga paciencia con su vecino problemático.

¿Qué normas debo seguir para establecer el personal de la iglesia y para luego trabajar con ellos?

Conforme va creciendo la iglesia, el pastor necesita más ayuda. Se estima que el pastor promedio puede trabajar en forma óptima con alrededor de doscientas personas, y si tiene más, necesita ayuda si quiere evitar un colapso. Generalmente, en primer lugar se contrata una secretaria a tiempo completo, luego un pastor auxiliar. Pida a Dios que le dé una secretaria que esté afiliada a la iglesia. Si no hay una persona disponible, tal vez una iglesia hermana en la zona tiene un miembro dedicado que usted puede contratar.

No contrate mucho nuevo personal de una vez; lleva tiempo para una iglesia asimilar nuevos líderes. Una iglesia manejada por personal contratado puede convertirse en una iglesia dañada por ese personal, si se deja de lado a los miembros. No dé a la iglesia la idea de que la congregación paga al personal y que el personal hace todo el trabajo. El propósito de tener un personal pastoral es el equipar a los creyentes para que hagan la obra del ministerio. (Ef. 4:7-16).

Conforme contrate más personal, haga una descripción de trabajo que describa las responsabilidades del ministerio, el pago, ante quién debe responder el obrero, y los beneficios. Es importante que sea formal en estos primeros pasos de la expansión, porque dará las pautas para cuando contrate más personal en el futuro. También, tenga en mente que una iglesia *llama* a las personas que prestarán servicio; no las *emplea,* ¡a no ser que quiera tener empleados! Ellos aceptan un ministerio, no un trabajo.

Los tres factores básicos del liderazgo son la responsabilidad personal, la responsabilidad antes otras personas, y el privilegio de servir. Cada miembro del personal tiene que responder ante otra persona, generalmente el pastor principal o un comité de personal de la iglesia. Cuanta más supervisión requiera el personal, tanto menos valiosos son; de modo que llame a personas en las que se puede confiar. Si no equilibra la responsabilidad y los privilegios, puede destrozar al personal. Demasiados privilegios significa que no se están trabajando; demasiada responsabilidad quiere decir que el obrero se está frustrando. Tiene que haber un equilibrio.

Usted debe dedicar tiempo al personal y estar abierto a escuchar sus problemas y planes. No permita que el ministerio de la iglesia se vuelva centrado en problemas; tiene que estar centrado en propósitos. Los problemas sencillamente son oportunidades para que usted vea obrar a Dios, y el personal debe tener sugerencias para las soluciones. Es bueno que el personal con regularidad dé informes acerca de su ministerio. Esto sirve para que todo el personal esté al tanto de las mutuas actividades.

Cuando va sumando miembros al personal, o los reemplaza, cuídese de simplemente "asignar trabajos". Las descripciones del trabajo son útiles, pero no son la última palabra en la administración. En el ministerio, añadimos los dones espirituales y las habilidades naturales a las oportunidades y las necesidades. Por ejemplo, cada pastor de jóvenes tendrá una forma distinta de llegar a los jóvenes; uno usará el deporte, otro la música, y así sucesivamente. Esperar que los nuevos obreros hagan exactamente lo mismo que sus predecesores es embalsamar el programa. Nunca se puede duplicar a los obreros, pero se puede descubrir talentos y dar oportunidades para su uso. El trabajo del pastor es desafiar al personal y crear un ambiente en que sea emocionante para el personal descubrir, desarrollar, y usar sus talentos.

Algo de lo más difícil para un pastor es tratar con un miembro del personal que no está haciendo su trabajo. Nos gustaría posponer ese encuentro, pero no nos atrevemos, por causa de la persona y por causa de la iglesia. "Fieles son las heridas del que ama" (Pr. 27:6). Usted tiene que pastorear a su personal igual que a los miembros de la iglesia. Si ha fijado un horario para verse individualmente con los miembros del personal, puede presentar el asunto. Si no, tiene que pedir una reunión en un tiempo oportuno. Será doloroso al principio, pero Dios comenzará a obrar, y podrán hablar del problema y empezar a buscar una solución. Nunca permita que una relación cercana con el personal lo ciegue ante las deficiencias personales que alguien tenga.

Un pastor cuyo personal va creciendo lleva muchas cargas que no tiene que llevar el pastor que trabaja solo. Hay que dedicar tiempo al personal, y en el ministerio el tiempo es oro. Lo ideal es que el tiempo que usted invierta en el personal resulte en que todos logren desempeñar más labor. Si no es así, algo anda mal. El valor de un obrero se mide por la cantidad de supervisión que necesita. Si usted tiene que hacer todo el trabajo mental para el personal, la ayuda de ellos no le aprovecha mucho.

Muchos pastores consideran provechoso reunirse con su personal el lunes a primera hora. El día del Señor anterior está fresco en su mente y pueden compartir lo que han aprendido acerca del rebaño. Repase el horario de la semana y asegúrese de que no haya ningún conflicto. Ponga al día la lista con los nombres de los enfermos, los confinados, y los que están en el hospital, y asigne visitas. Una hora o más que pase con el personal a principios de semana le ahorrará horas de trabajo más adelante en la semana. Es lógico que usted y el personal oraren juntos, no sólo en la reunión de lunes sino frecuentemente durante la semana en sus distintas responsabilidades.

Tenga reglas definidas para el personal: la hora del almuerzo, pausas para tomar café, cuentas de gastos, y así sucesivamente. Todo esto debe ser aprobado por la junta directiva de la iglesia. En otras palabras, maneje el personal y la oficina como lo haría si fuera una oficina de negocios. "Pero hágase todo decentemente y con orden" (1 Co. 14:40).

Tenemos que hacer recordar a los miembros del personal que están trabajando para el Señor, y que el Señor espera que sean tan fieles en su uso del tiempo como si trabajaran para una gran empresa comercial. Fije una hora definida en que todos deben estar en la oficina por la mañana. Usted debe dar el ejemplo y estar allí más temprano. Le debemos fidelidad y ardua labor tanto al Señor como a los miembros de la iglesia (cuyas ofrendas sacrificadas nos mantienen).

Algunos pastores se alteran porque les parece que trabajan más que los demás miembros del personal. Lo ideal es que haya otro personal para que el pastor pueda hacer más, pero no siempre es así. Justamente cuando usted necesita a su asistente, él no está. (Por supuesto, lo opuesto sería peor, ¡que un miembro del personal que trabajara más duro que el pastor!) No critique; usted no siempre sabe con total certeza lo eficazmente que pudieran estar ministrando los miembros del personal. Si siente que no puede confiar en ellos, entonces les debe expresar francamente su preocupación. Pero no espere que los asistentes jóvenes tengan el mismo sentido de urgencia y preocupación que tiene usted. Ocasionalmente, hay excepciones, pero mayormente, nuestros asistentes nunca descubrirán todo el alcance de la obra hasta que tengan su propia iglesia. Si les hemos enseñado lo fundamental del ministerio, les irá bien.

Una palabra final: hay una diferencia entre el delegar la responsabilidad que pasar a otro la pelota. A los miembros del personal les molesta cuando el pastor les carga las tareas desagradables que él no quiere hacer. Hay que ser justos con ellos y tratarlos como ministros y no como mandaderos. Cuando delegamos responsabilidades, estamos dando a nuestros colaboradores la oportunidad de desarrollar sus talentos. Estamos al tanto, los animamos, y los apoyamos cuando hay problemas. Pasar la pelota significa que nos deshacemos de cierta responsabilidad y nos olvidamos de ella.

NOTAS

REFLEXIONES

PUNTOS DE ACCIÓN

Capítulo 13

EL TRATO CON GENTE PROBLEMÁTICA

¿Cómo debemos tratar con gente "rara" que va de iglesia en iglesia y nos hace perder tiempo con sus problemas? ¿Cómo podemos ayudar a esas personas?

Alguien ha dicho: "Donde la luz es más brillante, los insectos vienen volando." Un poderoso ministerio bíblico y una congregación satisfecha a menudo atraerán a gente rara, en especial en una iglesia de la ciudad. Aquí tiene algunas sugerencias prácticas.

En casi cada iglesia hay personas que tienen problemas, las personas que crean problemas, y gente problemática que no hace otra cosa que hablar de sus problemas. Sea amable y cariñoso pero sincero y firme. Trate a esas personas como lo hubiera hecho Jesús, y dígales la verdad en amor. Recíbalos en el nombre del Señor, pero sea franco en manifestar que no puede darles toda su atención. Pídales que oren por usted, y salúdelos cuando los vea. Aprecie sus buenas cualidades y no se concentre en las malas. Recuerde lo que dijo nuestro Señor acerca de "estos mis hermanos más pequeños" (Mt. 25:40.Vea también el versículo 45).

A menudo estas personas se le vendrán encima después de un culto, cuando usted quiere hablar con otros visitantes, o con personas que han sido tocadas por la Palabra. En esa situación los miembros de la iglesia que desean colaborar en el ministerio pueden ser de gran ayuda. Tenga junto a usted a dos o tres de estos miembros, y deje que lo "salven" cuando se prolonga la conversación. Ellos pueden decir: "Pastor, sentimos tener que interrumpirle, pero hay una mujer aquí que tiene un problema espiritual. Tal vez podríamos charlar con el hermano Pérez mientras usted habla con ella." Esto se puede hacer sin avergonzar a nadie.

Estas personas a veces tienen verdaderas necesidades y a veces graves problemas emocionales, de modo que trate de ayudarlos en sus necesidades pero no les deje que monopolicen su tiempo. Tal vez no sepan deletrear *codependencia*, ¡pero sí la saben practicar! No intente ser un psiquiatra amateur. Preséntele a hermanos firmes en la fe que saben ayudar a ese tipo de gente. Usted nunca sabe lo que su ministerio bondadoso puede significar para ellos en sus horas de soledad.

A veces hay hermanos que se le acercarán después de un culto, pidiéndole que refrende un libro o un producto, o que les explique algún pasaje largo y complicado de la Biblia. Sugiera que lo llamen por teléfono durante la semana, o concrete una cita para más tarde. Diga que la iglesia no refrenda productos y que la junta directiva trata esos asuntos. Pero tenga en mente que estos pedidos al parecer fuera de lugar pueden cubrir una necesidad más profunda. La persona necesita conversar con usted pero no sabe bien cómo hacerlo. Puede tener las más grandes oportunidades de ministerio en situaciones que le parezcan raras. No cabe duda de que cuando Jesús estaba en la tierra, se le acercaban toda clase de personas con problemas, y tenemos toda razón en creer que las recibió bondadosamente y trató de satisfacer sus necesidades. Nosotros debemos hacer lo mismo.

Hay personas cuya única marca de identidad es su perpetuo problema, y si usted los ayuda a resolver ese problema, perderían su identidad. Probablemente no quieren que se solucione el problema. Estas personas necesitan ayuda profesional, pero casi todos lo negarían y se negarían a ver a un consejero.

Casi todas las iglesias tienen por lo menos un crítico residente o "mandamás". ¿Cuál es la estrategia para tratarlos?

Si la iglesia está creciendo, estas personas problemáticas pronto se pierden en la multitud. Son "sapos grandes" mientras el charco es pequeño y poco profundo. Profundice el agua y se pueden ahogar. Esto significa que, sin dejar de ser bondadoso, no centre su atención en la gente problemática. Céntrela en la gente dedicada y en los líderes que quieren edificar la iglesia. Si cuando está predicando sólo ve a los críticos y los que quieren ser "el mandamás de la iglesia", su ministerio está en peligro de volverse amargo y defensivo. Alimente al pueblo. Un cuerpo en crecimiento será más capaz de luchar contra los gérmenes.

Cuando sea necesario, encare a los críticos honestamente y con amor. No espere una crisis. Pida a Dios que le dé sabiduría, y usted sabrá cuándo deba encargarse del asunto en privado. Cada iglesia necesita un líder, y si ese líder es otro fuera del pastor elegido, entonces no necesitan al pastor. Decídase a que con la ayuda de Dios usted guiará al rebaño.

Casi todos los críticos y dictadores de la iglesia no pueden encarar los hechos honestamente en amor cristiano, de modo que si usted es abierto los desarmará. Hay que tener presentes las instrucciones de Cristo en Mateo 18:15-20. Lo ideal sería que estas situaciones no se desarrollen en asuntos para disciplina, pero esté preparado de todos modos.

A menudo los críticos de la iglesia han sido heridos y su ego inflado no permite que sane la herida. Tal vez un pastor anterior los hirió, y ahora, criticando al nuevo pastor, se están protegiendo de ser más heridos. A veces no hace daño al pastor tener algunos críticos, pues los ayuda a mantenerse alerta y los anima a hacer un mejor trabajo. Si todos hablan bien de nosotros, podríamos volvernos autosuficientes y orgullosos, lo cual conduce al fracaso.

El "mandamás de la iglesia" es tan viejo como la iglesia misma. Juan escribió acerca de Diótrefes, al cual le gustaba "tener el primer lugar" (3 Juan 9). Algunos mandamases de las iglesias son mandoneados en su casa o en el trabajo, y usan a la iglesia como un medio de edificar su propio ego. Estas personas tienen problemas de personalidad como también problemas espirituales, y debe tratarlos con cuidado. Tal vez Dios usará su predicación para ayudarles a recuperarse. Ante todo, ore por ellos.

Generalmente los hermanos de la iglesia están contentos de tener un pastor que maneja al mandón en una forma sana y bíblica. Puede demorar meses, o hasta años, antes de que el mandamás desafíe su liderazgo; pero si usted ha estado ministrando en el Espíritu, podrá tratar la situación con poder y autoridad. Sea firme, pero amable, y no tenga temor. Es mejor encarar la batalla y ganar que estar evitándola y desarrollar úlceras.

Maneje estos asuntos de la manera que piensa manejar todos los problemas, y los hermanos se pasarán la voz.

¿Qué debemos hacer con las cartas y llamadas telefónicas anónimas?

Ignorarlas.

Siempre vea primero la firma de la carta. Si no la hay, entregue la carta a su secretaria o a un asociado de confianza para que la lea. Si hay algo en la carta que usted debe saber, ellos le pueden decir. Si usted lee cada carta anónima que llega, se agitará y se enojará, y Satanás usará esto para dañar su ministerio. Las personas que pueden ayudarlo en su trabajo no se esconden detrás del anonimato. Las personas que lo aman y confían en usted le hablarán personalmente, aunque estén en desacuerdo con usted. Si una carta no vale la pena como para firmarla, tampoco valdrá la pena leerla.

Las llamadas telefónicas son un poco más difíciles. Si tiene secretaria, ella debe preguntar de quién es la llamada. Si la persona se niega a decirlo, su secretaria le puede informar, y usted puede recibir o rehusar la llamada, según se sienta guiado. El gran problema es este: las personas necesitadas a menudo llaman al pastor para pedir ayuda, pero quieren permanecer anónimas. Esto sucede especialmente en áreas metropolitanas. Si recibe la llamada, pregunte: "¿En qué le puedo ayudar?" y trate de determinar si el que llama es un raro, un crítico, o una persona necesitada. Si el que llama es raro o crítico, sencillamente diga: "Lo siento, no puedo ayudarlo, pero deje que ore por usted" y cuelgue apenas termina la oración. Si la persona realmente está necesitada, mantenga la llamada y trate de ayudar. Intente establecer una confianza para que pueda sugerir una conferencia personal. Más de una persona desesperada ha sido salvada del suicidio por un pastor que dedicó tiempo a escuchar, amar, y orar.

Si usted no tiene secretaria, tiene que hacer su propia comprobación. La experiencia vale mucho, y también la firmeza. No se agite, no discuta, y no mantenga una conversación larga y sin sentido. Ante todo, no piense tanto en la conversación que se vuelva tenso y haga la vida imposible a los demás. Eso es exactamente lo que quiere Satanás. Entregue la conversación al Señor y vuelva a su trabajo.

¿Qué debo hacer cuando alguien se va de la iglesia airado porque se ha enojado con alguien o por algo? ¿Debemos tratar de hacerlos volver o sencillamente estar agradecidos porque se han ido?

No se debe forzar a nadie a quedarse en la iglesia ni sobornar a alguien para que vuelva. Mateo 18:15-17 se aplica aquí. Si algo que usted dijo o hizo fue causa de que alguien se vaya, converse en privado con la persona y trate de remediar las cosas. Si se niega, lleve consigo dos o tres hermanos espirituales para una nueva visita. Si la persona ofendida aun se niega a tratar la ofensa, presente el asunto a la iglesia y deje que el cuerpo de creyentes decida lo que se hará.

Los miembros de la iglesia que se van airados generalmente dicen, como niños en un juego de fútbol: "¡Si no puedo hacer las cosas a mi manera, agarro mi pelota y me voy a mi casa!" Ellos creen que su ausencia va a destrozar a la iglesia, y probablemente tienen la esperanza de que así sea. Sin duda, han hecho lo mismo en tres o cuatro otras iglesias de la ciudad. Nosotros los llamamos "los nómades": se enojan, dicen que no, ¡y se van! Es desafortunado que tengamos cristianos tan carnales en nuestras iglesias, pero los tenemos, y nos toca encararlos honestamente pero en amor.

No anime a tales personas a que vuelvan. No haga con ellos tratos ni concesiones. Si lo hace, harán lo mismo la próxima vez que algo les moleste. Es muy probable que los hermanos espirituales en la iglesia estarán de parte suya en el asunto porque están cansados de ver su iglesia dirigida y arruinada por miembros inmaduros. (Por supuesto, donde hay familiares, la actitud puede ser diferente.) Si usted es nuevo en la iglesia, los miembros espirituales le pueden dar los antecedentes del caso.

Siempre sea amable con estas personas; si no, les dará municiones para su cruzada. Si los ve, salúdelos, pero no dé la impresión de que está ansioso de ganarlos para que vuelvan. Ore por ellos. No hable de ellos fuera de las reuniones oficiales de la junta; de otro modo, los chismes en la iglesia echarán leña al fuego. Tal vez llegue a ver el día en que Dios realmente trate con ellos y los lleve a ser útiles espiritualmente.

Algunas iglesias tienen una cláusula en sus estatutos que sirve para encargarse de situaciones como ésta. Dice así: "Después de afiliarnos a esta iglesia, si hay algo con lo que no estamos de acuerdo en la doctrina o en las prácticas de la iglesia, prometemos solicitar que se borre nuestro nombre de la lista de miembros." Esto permite que se retiren las personas contrariadas, y también le ahorra a usted los problemas de más investigación y posiblemente disciplina. Esta cláusula no es un sustituto de la disciplina de la iglesia; más bien es un intento de obedecer lo expuesto en Romanos 12:18: "Si es posible, en cuanto dependa de vosotros, estad en paz con todos los hombres." Dicho sea de paso, el pedido a que se borre un nombre de la lista de miembros tiene que ser por escrito.

La disciplina de la iglesia es un tema más evitado que aplicado, pero hay que aplicarla para que la iglesia glorifique a Dios. Lo discutiremos en el capitulo 15.

¿Qué se puede hacer para que no haya "camarillas" en la iglesia?

Queremos que los miembros de la iglesia se conozcan, se amen, y disfruten de compañerismo, de modo que esté seguro de que realmente sea una camarilla y no sencillamente un grupo de buenos amigos que se quieren y disfrutan de hacer cosas juntos. Sólo cuando un grupo de miembros se aísla del resto de la iglesia y busca ser un bloque de poder tiene usted una camarilla.

Las camarillas se forman de varias maneras. A veces hay un miembro poderoso que en forma natural atrae a la gente y las influencia. O puede haber un problema en la iglesia que necesita solución, y los miembros empiezan a elegir lados. Algunos de estos problemas son desde hace mucho tiempo y tienen raíces profundas, y allí han estado las camarillas.

Si usted siente que tiene una camarilla en la iglesia, lea detenidamente la Epístola de Pablo a los Filipenses. Algunos estaban a su favor, otros estaban en contra de él, y algunos no se querían comprometer. Fíjese que el apóstol los amaba a todos ("todos vosotros" es una frase clave en la carta) y que trató de hacer que todos amen a Cristo y que se amen entre ellos. Jesús mismo dio el ejemplo de humildad y paciencia que debemos imitar. A no ser que el asunto sea cuestión seria de política o doctrina de la iglesia, no predique acerca de ello desde la seguridad del púlpito. Sea un pacificador, ore por todos ellos, ame a todos, y esté al tanto de oportunidades de derribar murallas y empezar a construir puentes. Siempre busque algo bueno que decir acerca de todos los involucrados. Mantenga en mente de la congregación los asuntos más vitales: ganar a los perdidos, enviar misioneros, edificar la iglesia por la que Cristo murió. Deje que el Espíritu de Dios les muestre su propia mezquindad, su egoísmo, y su falta de visión.

A veces es necesaria una crisis para suavizar el corazón de los hermanos, y a veces es el pastor el que tiene que sufrir. No importa: nuestro Salvador sufrió por nosotros, y tenemos el privilegio de participar en sus sufrimientos. Espere, esté alerta, ame a la gente, y predique con entusiasmo la Palabra. Dios obrará y usted tendrá el gozo de ver el progreso. Tal vez el problema no se solucione durante su ministerio, pero habrá ayudado al siguiente pastor a solucionarlo.

Algunas iglesias, desafortunadamente, tiene divisiones tan arraigadas que ningún pastor ha sido capaz de quitar. Sabemos de una iglesia donde toda una clase de la escuela dominical se negó a aceptar al nuevo pastor, y siguió funcionando de por sí, totalmente apartada del resto de la iglesia. El pastor sensato aprende a sonreír ante tal actitud, a amar a todos los hermanos, y a procurar ser de bendición para todos ellos. Usted no puede forzar a los hermanos a que lo quiera, y ellos no pueden forzarlo a usted a odiarlos. Usted puede orar por ellos y pedir a Dios que los haga lo que deben de ser. No deje que la pequeñez de unos cuantos le robe el amor de los muchos. Igual como el cuerpo humano a veces tiene que funcionar a pesar de una debilidad o una lesión, así el cuerpo espiritual tiene que funcionar aunque sufra de huesos rotos. (Hablando de eso, la palabra "restauradle" en Gálatas 6:1 significa "ajustar un hueso roto".) Si tiene que soportar una división, acepte esto y haga lo mejor. Dios conoce el asunto, a Dios le importa, y Dios lo solucionará a su tiempo.

Uno de nuestros miembros tiene ideas peculiares acerca de las Escrituras, y trata de imponer a los nuevos miembros sus puntos de vista. ¿Qué debo hacer?

Después de haber creado una buena relación, busque al miembro personalmente y discuta amablemente estas ideas. Si definitivamente no están basadas en las Escrituras, trate de instruir en la verdad. (2 Ti. 2:23-26). El problema puede ser ignorancia, de modo que tenga paciencia. Si el miembro se aferra a las enseñanzas que no tienen fundamento en las Escrituras y se niega a arrepentirse, usted tendrá que tomar cualquier medida oficial necesaria (Ro. 16:17-20). A veces estas personas han leído unos cuantos libros y el conocimiento han inflado su ego en vez de ablandar su corazón (1 Co. 8:1).

Estas personas causan divisiones. Quieren que la iglesia decida si están a favor o en contra de sus puntos de vista. En Tito 3:9-11 vemos qué hacer con las personas que causan divisiones. Deben ser amonestadas dos veces, y a la tercera hay que despedirlos de la iglesia y no recibirlas de nuevo.

Por alguna razón, casi todas las iglesias tienen personas que "se profundizan en la Palabra" y vienen con interpretaciones no comunes. Si estos puntos de vista son insignificantes, ignórelos. Esta puede ser la única manera que tienen de llamar la atención. En vez de usar su tiempo para ganar a los perdidos o edificar a los santos, estas personas, como los sectarios, sólo tratan de ganar a los convertidos para su causa. Mayormente estos miembros son inofensivos y la iglesia les sonríe y los ignora. Sin embargo, se pueden convertir en problemas con los que se tiene que tratar. Hágales saber que usted los ama pero que no está de acuerdo con ellos y no puede permitir que infecten a la iglesia. Hábleles en privado y trate de razonar pacientemente con ellos. Si no quieren escuchar, usted no tiene otra alternativa que proteger a iglesia y, por lo tanto, disciplinarlos.

NOTAS

REFLEXIONES

PUNTOS DE ACCIÓN

Capítulo 14

LA MEMBRESÍA

¿Cómo puede una iglesia mantener una fiel lista de afiliados? Me parece engañoso decir que tenemos trescientos (o tres mil) miembros afiliados cuando no sabemos dónde está la mitad de ellos. No queremos tener muchos miembros inactivos, pero tampoco queremos hacer enojar a mucha gente que se considera miembro.

Una forma de mantener una fiel lista de membresía es sencillamente poner en los estatutos: "Cada seis meses, el pastor y los diáconos (ancianos) examinarán la lista de miembros de la iglesia. Los miembros que no han asistido durante seis meses automáticamente serán colocados en una lista de miembros inactivos. Si retornan y empiezan a asistir fielmente, se les volverá a poner en la lista de miembros activos." Este requerimiento para membresía activa se debe explicar a todos los actuales miembros y a los nuevos cuando se afilien a la iglesia, y su aceptación de la membresía es prueba de que están de acuerdo con ello. Nadie debe afiliarse a la iglesia a ciegas.

La iglesia confía al pastor y a los diáconos (ancianos) el privilegio de revisar la lista de membresía de la iglesia. Un grupo de hermanos fieles sabrá mejor quién ha estado asistiendo a la iglesia de lo que lo haría uno solo. El pastor no tiene que leer los nombres en público ni avergonzar a todos. También significa que no se destituye de la iglesia a los miembros inactivos sino que sencillamente se los pone en otra categoría. Si pasan a otra iglesia y piden una carta de transferencia, ésta expone: "El 5 de julio de 1992, por orden de los diáconos, el Sr. Juan Pérez fue colocado en la lista de inactivos." Nuevamente, tenemos que enfatizar que esta norma debe ser explicada a todos los miembros.

¿Cómo se notifica a los miembros acerca de su cambio de categoría? En realidad, el pastor y los diáconos (y los profesores de la escuela dominical) deben estar localizando a los miembros inactivos durante todo el año. Es bueno hacer una visita personal si se sabe dónde vive el miembro. (A veces los miembros inactivos se mudan sin dejar su nueva dirección. En ese caso, haga lo que pueda para localizarlos y dirigirlos a una buena iglesia.) Hágales reacordar la necesidad de obtener alimento y compañerismo espiritual y que dentro de algunas semanas podrían perder totalmente su membresía. Tenga paciencia, sea bondadoso, ore por el asunto, y no esté tan apurado que solamente vea una lista de nombres y no a las personas que necesitan del amor de Cristo.

No suele ser prudente enviar a estos miembros una carta de advertencia. Una carta puede ser algo frío e impersonal, y si el miembro la recibe cuando está alterado, puede hacer daño. Además, un miembro fuera de comunión con el Señor puede llevar la carta por todo el pueblo, mostrarla a la gente, y dañar la buena reputación de la iglesia. Estos miembros ausentes merecen una visita, y esa no debe ser la última. Mantenga el contacto, porque nunca sabe la obra que pueda hacer Dios en la vida de ellos.

Todo esto requiere preocupación y atención personal de parte del pastor y de los líderes, pero vale la pena. Somos miembros del cuerpo de Cristo, y como tales, tenemos que ministrarnos los unos a los otros. La iglesia que se preocupa por el individuo es una iglesia que crece.

Puede demorar años hasta que usted logre establecer este procedimiento en su iglesia, de modo que tenga paciencia. Cuando los hermanos se den cuenta de que esta norma no cierra la puerta a los miembros, ni tampoco procura avergonzar a las personas, lo aceptarán con gusto. La afiliación a la iglesia debe ser algo valioso y con sentido, y esta es una forma de lograrlo.

Por supuesto, el gran problema se presenta cuando la iglesia está votando por un asunto importante y un grupo reúne a todos los miembros inactivos para que apoyen su causa. Haga lo mejor que pueda para mantener una lista actualizada de miembros, pero no espere que esto solucione cada problema.

¿Qué debe hacer un pastor para que los miembros sean leales a la iglesia? Muchas organizaciones paraeclesiásticas solicitan tiempo, dinero y fuerzas de buenos miembros y no sé cómo competir con ellas.

Alimente a sus ovejas y ámelas. Dios le dará vínculos espirituales que serán más fuertes que los que cualquier otra organización puede crear. No critique a otros grupos; Dios los está utilizando en muchas formas maravillosas. En realidad, si todas nuestras iglesias se ocuparan en hacer lo que Dios quiere que se haga, muchos de estos grupos nunca hubieran sido organizados.

El peor error que pueda cometer un pastor es que no dé participación a su gente en los asuntos de la iglesia local. Los creyentes maduros, con talentos y dones espirituales, quieren trabajar. Si la iglesia local no los utiliza, otro grupo lo hará. La iglesia local debe estar a la vanguardia de los nuevos conversos, de modo que póngalos a trabajar. Por supuesto, los nuevos creyentes no están preparados aun para enseñar una clase de la escuela dominical o para servir de diáconos, pero pueden hacer visitas y comenzar a testificar del Señor. Pueden trabajar en la iglesia y usar sus habilidades en la obra de Dios. En la mayoría de los casos, los nuevos creyentes están rebosantes de energía, y esa energía tiene que ser dirigida a ministerios desafiantes.

Algunos miembros de la iglesia prefieren trabajar en organizaciones paraeclesiásticas por razones que no consideramos muy cristianas. Por un lado, hay más prestigio. En la iglesia local, tratamos de no colocar en pedestales a la gente. Además, generalmente hay más libertad y menos disciplina en organizaciones externas. Los jóvenes pródigos que se frustran por las normas y los procedimientos de la iglesia a veces se escapan a organizaciones externas donde pueden hacer lo que les place y recibir aprecio por ello. Esté agradecido si no son parte de su familia de creyentes.

Por otro lado, muchos buenos y leales miembros sienten que es la voluntad de Dios que sirvan en otras organizaciones. Estas personas serán leales a usted y a la iglesia, pero puede que no estén presentes en todos los cultos. Su ministerio los llevará a otros lugares. ¡Acéptelo! Tal vez estén haciendo más bien predicando a Cristo en otra iglesia que si estuvieran sentados escuchándolo a usted. No se agobie; muestre interés en ese ministerio, ore por ellos, y agradezca a Dios de que estén ocupados en la obra del Señor.

Conozca a los líderes de estas organizaciones paraeclesiásticas. Algunas pudieran ser de bendición para usted. No tema estar en desacuerdo con alguna organización, pero esté en desacuerdo con buen espíritu.

En su ministerio, enfatice la importancia de la iglesia local. (Es interesante que algunas de las organizaciones paraeclesiásticas que a menudo critican a la iglesia buscan en las iglesias su apoyo económico.) Las organizaciones vienen y van, se levantan y caen, pero la iglesia local sigue avanzando. Su trabajo no será tan emocionante como el de algún otro grupo, pero puede ser más duradero. Cuando el ministerio de la Palabra bendice a la gente, vendrán porque están siendo alimentados. Mantenga en movimiento el programa de la iglesia; planifique con miras al futuro; mantenga activos a los hermanos. Exprese a menudo que usted los ama y los aprecia. A su tiempo, sentirán más unidad, y amarán a su iglesia y la apoyarán.

¿Cuánto tiempo debo dedicar a miembros que no apoyan a la iglesia o a mi ministerio? ¿No debiera dedicar más tiempo a los miembros fieles?

En Efesios 4:7-16 leemos que la misión del pastor es equipar a los santos para que hagan la obra del ministerio, pero no puede equipar a personas que están fuera de la influencia de su ministerio. Siempre debemos enfatizar el aspecto de ganar a los perdidos y de equipar a los santos, porque esto es lo que edifica la iglesia. Pero esto no significa que debemos ignorar a los miembros que están al margen o a quienes vemos sólo como espectadores.

Trate de conocer a estas personas, visítelas cuando haya ocasión, y ore fielmente por ellas. Como nos hace recordar Pablo (1 Co. 12:14-26), la persona que pensamos es inservible para la iglesia puede ser indispensable para la obra. Un día Dios le puede dar una gran oportunidad de desafiar a esa persona, y usted se alegrará por haber dejado abierta la puerta; o puede ser llamado a conducir su funeral, y apreciará haber mantenido el contacto.

No podemos comprobar esto estadísticamente, pero al parecer hay tres grupos en cada iglesia. Los diez o quince por ciento superiores que serán espirituales aunque no haya pastor: estos son los pilares de la iglesia. El diez por ciento del fondo que no servirían a Dios aunque fuera su pastor el apóstol Pablo. Los setenta y cinco por ciento intermedios que irán hacia un lado o el otro. Ahora, si usted invierte tiempo cualitativo con los diez o quince por ciento superiores, ellos pueden alcanzar a los setenta y cinco por ciento y alzarlos. (Esto es Efesios 4 en la práctica.) Cuando los setenta y cinco por ciento empiezan a moverse, tocarán algo a los diez por ciento del fondo. En otras palabras, puede ser que algunos de sus miembros pueden hacer un mejor trabajo animando a los miembros al margen de lo que puede hacer el pastor. Permita que acepten el desafío.

No invierta todo su tiempo en tratar de salvar a los pocos, y no permita que le roben el precioso tiempo que pertenece a los fieles. Las ovejas sanas se reproducen según su especie, de modo que manténgalas sanas.

¿A qué edad se debe permitir que los niños se afilien a la iglesia?

En las iglesias de la Reforma, los niños llegan a ser miembros de comunión con el bautismo y luego son recibidos con membresía completa en la confirmación. Este procedimiento varía de grupo en grupo e incluso de iglesia a iglesia. Discutiremos el asunto con relación a las iglesias que reciben a sus miembros por la profesión de fe. Por supuesto, cualquier posible miembro debe dar un testimonio personal de fe, sin considerar el procedimiento de membresía.

Este asunto no es tanto la edad como la madurez, y "un niño difiere del otro en madurez". No todos los niños tienen la misma talla a la misma edad, así tampoco todos tienen la misma percepción espiritual a la misma edad. Si se recibe a un niño que es demasiado joven para saber de qué se trata la membresía, se roba a ese niño de una experiencia espiritual más rica en el futuro. Cualquiera que ha trabajado con adolescentes conoce el recurrente problema: "Se supone que fui salvo a los seis años, pero ahora no estoy seguro."

Con demasiada frecuencia, los padres cristianos empujan a sus hijos a tomar decisiones y más adelante los niños se rebelan. Todo pastor ha escuchado la plegaria de la madre que adora a su hijo: "¡Por favor, acepte a mi hijo! Debería escucharlo cómo ora en la mesa. ¡Estamos seguros de que Dios lo va a llamar a ser misionero!" Al pasar los años, el hijo a menudo se convierte en campo misionero en vez de misionero.

Nuestro consejo es que considere individualmente a cada solicitante y que esté seguro de que hay evidencia sólida de vida y crecimiento espiritual. Obviamente, la expresión de fe de un niño no va a ser tan madura como la de un adulto. Si lo es, cuídese de la imitación deliberada. Si el niño realmente ha nacido de nuevo, el posponer el bautismo y la membresía en la iglesia no destrozará su alma. Siguiendo el ejemplo bíblico de los judíos, muchas iglesias determinan a los doce como edad mínima para la membresía, y esto parece ser una buena idea. Los niños que crecen en hogares cristianos a menudo muestran señales de vida espiritual antes de eso. Pero queremos prevenir acerca de la imitación o las decisiones hechas sencillamente para agradar a los padres. Es prudente que los dieciséis años sea la edad mínima para tener privilegios de votación en la iglesia. Es dudoso si la mayor parte de los miembros de doce años de edad podrían votar con inteligencia o discernimiento espiritual.

¿Cuál es la mejor manera de integrar nuevos miembros a la familia de la iglesia?

Preséntelos a la iglesia en público para que todos tengan la oportunidad de conocerlos. Algunas iglesias tienen una recepción de miembros nuevos para hacer esto. Anime a los obreros a que inviten a los nuevos miembros a su hogar. Usted y su personal deben dar el ejemplo en esto.

Use el sistema de amigos (o el sistema de Timoteo) y relacione al miembro nuevo con otro miembro de la iglesia (2 Ti. 2:2). Pueden ir de visita juntos, por ejemplo. Los recién conversos pueden ir a la vanguardia de la iglesia, de modo que déjelos testificar de su fe en Cristo.

Es imprudente que repentinamente se lance a los nuevos a asumir responsabilidades, porque generalmente necesitan tiempo para asimilar la cultura de la iglesia. Dedique tiempo a descubrir sus talentos y dones, pruébelos en lo pequeño, y luego instálelos en el ministerio cuando estén preparados. Trabajar para el Señor es la mejor manera de sentirse como parte de una iglesia. Lamentablemente, algunos pastores entusiastas empujan a sus "conversos" a puestos de liderazgo y toman el control de su manera de pensar y de servir. Esto excluye a los "antiguos" que tienen más experiencia, y dentro de poco los amateurs *son* la iglesia. Vea 1 Timoteo 3:6 y 5:22.

El ministerio de asimilación no debe dejarse al azar. Se debe elegir a un miembro del personal o de la junta directiva para que dirija este ministerio y se encargue de que no se abandone a ningún recién converso o a un miembro nuevo. Un miembro nuevo en "malas manos" puede convertirse en un problema.

Recordamos a un pastor que enfatizaba a sus líderes la importancia del evangelismo. "Queremos ver decenas de conversos y nuevos miembros", les dijo. Uno de los directivos más astutos respondió: "Pastor, esa es una meta noble. Pero la gran pregunta es: ¿está nuestra iglesia preparada para cuidar y asimilar a esa cantidad de bebés?" Esto llevó al desarrollo de un ministerio de asimilación muy necesario, y Dios les dio bebés para que cuidaran.

NOTAS

REFLEXIONES

PUNTOS DE ACCIÓN

Capítulo 15

LA DISCIPLINA DE LA IGLESIA

¿No es legalista la disciplina de la iglesia? Se supone que debemos practicar la gracia, ¿cierto?

"**P**ues la ley por medio de Moisés fue dada, pero la gracia y la verdad vinieron por medio de Jesucristo" (Jn 1:17). Donde haya un ministerio que honra a Cristo, centrado en la Biblia y guiado por el Espíritu, tiene que haber verdad; porque la Palabra de Dios es verdad (Jn 17:17), Jesús es la verdad (Jn 14:6) y "el Espíritu es la verdad" (1 Jn 5:6). La gracia no significa que cubrimos el pecado o que desviamos la vista. La gracia significa que tratamos amorosamente con el pecado y aplicamos las instrucciones purificadoras de la Palabra de Dios, porque la gracia reina mediante la justicia (Ro 5:21). "Hagamos males para que vengan bienes" no es un enfoque cristiano (Ro 3:8).

Dios disciplina a sus hijos para que sean más como Jesús (Heb 12). Sin embargo, no es la disciplina de un juez que castiga a un criminal malvado, sino la de un padre con el corazón destrozado que ayuda a madurar a un hijo amado. Sí, se puede practicar la disciplina de la iglesia con una actitud legalista y de "más santo que tú", pero eso no es lo que enseñan las Escrituras. Debemos tratarnos los unos a los otros como Dios nos trata, y Él es misericordioso (1 Cr. 21:13) y compasivo (Sal. 103.9-13). Si amamos al Señor, odiaremos lo que Él odia (Sal. 97:10; 139:21-22; Ro. 12:9).

Si un obrero de la iglesia comete un grave pecado, pero lo confiesa y se aparta, ¿debe dejar su puesto? Si es así, ¿después de cuánto tiempo puede volver a ocuparlo?

No sabemos de ningún lugar en el Nuevo Testamento que dice que los creyentes deben tener un periodo de prueba después de arreglar cuentas con Dios y con la iglesia. Pedro confesó su pecado y fue restaurado a la comunión y el discipulado (Jn 21:15-19), ¡y él era un apóstol!

Sin embargo, cuando se trata de líderes espirituales, hay que considerar dos factores: la propia vida espiritual del obrero, y cualquier pérdida de confianza por parte de los demás en la iglesia, especialmente de los otros obreros. Cuando confesamos nuestros pecados, Dios inmediatamente nos perdona, pero a veces tiene que haber un periodo de "recuperación" antes de que estemos listos para servir nuevamente. La medicina que mata los gérmenes no restaura inmediatamente la salud y la fortaleza del paciente. Volver demasiado pronto al ministerio puede causar otro colapso. Si los demás obreros tienen dudas, puede ser sensato sugerirle unas vacaciones. Esto no significa que la iglesia rechaza la confesión; más bien, significa que los miembros aman demasiado al ofensor como para permitir que se le dañe al asumir demasiado pronto sus responsabilidades espirituales.

Trate de evitar que la disciplina se convierta en escándalo público. Cuanto mayor el lugar de responsabilidad, tanto más grande es el daño cuando peca la persona. Habrá algunos casos en que lo más sensato sea que el ofensor renuncie calladamente después de haber arreglado las cuantas. Si la confesión es sincera, el obrero no eludirá esta sugerencia. En situaciones que involucran robo, inmoralidad, o desafío a la autoridad, es mejor que el ofensor renuncie a su puesto. El pastor deberá apoyar al miembro con asesoría. Recuerde el consejo de Pablo de que amemos y perdonemos a los creyentes que verdaderamente se arrepienten, para que no se depriman y sean una fácil presa del diablo (2 Co. 2:1-11).

¿Cómo podemos comenzar a practicar la disciplina en iglesias que no la han practicado esto por muchos años?

La disciplina es parte importante en la vida cristiana, porque Dios disciplina a sus hijos (He. 12) y nosotros debemos disciplinarnos (1 Co. 9:24-27). Dios espera que el pastor discipline a sus propios hijos (1 Ti. 3:4-5), y también que discipline a los hijos de Dios cuando lo necesiten. La disciplina de la iglesia es en realidad es el ejercicio de la autoridad espiritual de Dios a través de una iglesia local, con el propósito de recuperar a un creyente que ha cometido un error y para mantener la pureza de la iglesia local.

Empiece por discutir el asunto con los líderes de la iglesia antes de informar a la congregación. Con mucho amor informe a la iglesia que usted quiere obedecer a la Palabra. Explique que la disciplina es evidencia del amor. Si ama a los miembros, querrá rescatarlos del pecado. Primera a los Corintios 5, indica que la disciplina se ejerce por causa del ofensor (1-5), de la iglesia (6-8), y de la sociedad inconversa que necesita el testimonio de una iglesia consagrada a Dios (9-13). La disciplina de la iglesia no se aplica para que el pastor muestre su autoridad, o para que la junta directiva actúe como una corte policial. La disciplina de la iglesia tiene que ser obra de Dios en la vida de la iglesia, o no tendrá buen éxito.

En Mateo 18 se describen los ingredientes necesarios para la disciplina exitosa: humildad (1-6), honestidad (15-17), obediencia a la Palabra (18-19), oración (20), y un espíritu perdonador. Si una iglesia no tiene el debido ambiente espiritual, los intentos de disciplina harán más daño que bien. Antes de siquiera poder empezar a practicarla, usted tiene que tener a la iglesia en la debida condición, y esto lleva tiempo, oración, amor, y enseñanza fiel.

¿Quién debe manejar la disciplina? Empieza con un pastor que se preocupa (He. 13:17; 1 P. 5:1-4). Primera a Timoteo 5 aconseja que los pastores tratemos a nuestra gente como si fueran miembros de familia: a los mayores, como padres y madres; a los más jóvenes, como hermanos y hermanas (vv. 1-2). Aconsejamos al pastor que dé el primer paso en privado y se reúna con el ofensor. Más adelante, pueden participar otros líderes. Muchas iglesias tienen procedimientos establecidos, bien en el libro de disciplina de la denominación o en los estatutos; pero estos principios no deben impedir al pastor reunirse en privado con los ofensores sospechosos y que tratar de ayudarles. Ha sido nuestra experiencia que los ofensores aprecian que el pastor, en amor, les hable en privado, amigo a amigo, y busque la forma de restaurarlos.

Por supuesto, si la entrevista en privado no resulta, entonces hay que aplicar Gálatas 6:1-3, de ir acompañado de algunos líderes espirituales de la iglesia e intentar de nuevo. Jesús dijo lo mismo en Mateo 18. Si esto no surte efecto, entonces (desafortunadamente) hay que participarlo a toda la iglesia (vea 1 Co. 5). Cuando el pecado no se confiesa, tiende a crecer e involucrar a más personas. Estas son algunas pautas:

1. Antes de hacer alguna seria acusación, asegúrese de tener testigos (1 Ti. 5:19; 2 Co. 13:1). Usted quiere hechos, no rumores.

2. Si el caso es muy grave o el ofensor es hostil, lleve consigo testigos al hacer el primer contacto.

3. Trate de ser imparcial (1 Ti. 5:21).

4. No se adelante a los acontecimientos. Lea Proverbios 18:13, 17 y 1 Timoteo 5:22. Dedique tiempo para orar, pensar, y esperar; pero no permita que la prudencia le impida actuar. No espere estar al tanto de todos los detalles (1 Ti 5:24-25).

¿Qué ofensas se deben considerar tan graves que requieran de disciplina?

Como nosotros lo vemos, estas ofensas deben requerir intervención de la iglesia y posiblemente disciplina:

1. Desacuerdo personal entre dos o más miembros (Mt. 18:15-18; Fil. 4:1-3). No se entrometa en contiendas personales, no al menos hasta que una de las personas involucradas haya tratado de obedecer las instrucciones de Cristo.

2. Negación a ganarse la vida (2 Ts. 3:6-16; 1 Ti. 5:8).

3. Error doctrinal. Empiece con la enseñanza paciente (2 Ti. 2:23-26); si esto falla, válgase de la reprimenda (Tit. 1:10-14; Gá. 2:14). El paso final es evitar a la persona (Ro. 16:17-18) y rechazarla de la comunión (2 Jn. 9-11). Ejercite discernimiento con las personas que tienen problemas doctrinales. Hay una diferencia entre la ignorancia de la Palabra y la promoción de falsa enseñanza cuando una persona ya conoce la verdad.

4. Divisionismo repetido (Tit. 3:10). A las personas que sondean a los miembros de la iglesia preguntando: "¿Está usted de mi parte o de parte del pastor?" se les debe dar dos advertencias; a la tercera vez, deben ser expulsados de la comunión.

5. Pecado abierto (1 Co. 5; Gá. 6:1-3). La actitud de la iglesia debe ser de tristeza porque tal cosa ha ocurrido. A los ofensores se les debe dar la oportunidad de arrepentirse y de arreglar cuentas. Si se niegan, deben ser expulsados. (La palabra griega en 1 Co. 5:2 y 13 significa "expulsar, sacar

fuera".) Este es el acto oficial de la mayoría en la iglesia (2 Co. 2:6). Por supuesto, si los ofensores se arrepienten, pueden y deben ser perdonados y recibidos de vuelta (2 Co. 2:6-10).

Algunos creyentes piensan que la disciplina causa problemas, pero esto sucede únicamente si se lleva a cabo con mal espíritu, y sin humildad y oración. La disciplina amorosa en una iglesia siempre une a la familia, como sucede en un hogar. Ésta refuerza la autoridad de la Palabra, honra a Cristo, y desafía a la iglesia a una mayor experiencia espiritual. También refuerza el testimonio de la iglesia a los inconversos.

Recuerde el principio básico: pecado privado, confesión privada; pecado público, confesión pública. Trate de no tender los trapos al aire. No es necesario explicar los detalles a toda la iglesia, en especial si hay niños y jóvenes presentes. Si una persona pasa adelante para reintegrarse, diga a la iglesia que usted y los obreros han tratado el asunto, y que la persona debe ser perdonada y recibida. Esta puede ser una preciosa experiencia de amor para el ofensor y para la familia de Dios.

Como la medicina, la mejor disciplina es la preventiva. Cuando se predica fielmente la Palabra, el Espíritu Santo la usa para compungir los corazones y ejercer disciplina. Esté al tanto de los comienzos de pecado, porque es más fácil limpiar una herida que amputar un miembro. Dios da a sus pastores "radar espiritual" que les ayuda a detectar cuando las cosas empiezan a andar mal; y entonces, tenemos que actuar. Ore por la dirección de Dios, y a su tiempo Él le dará la oportunidad de hablar con las personas involucradas. Si usted maneja correctamente la disciplina, los hermanos lo apreciarán más, porque saben que se preocupa mucho de que ellos no pequen. "Fieles son las heridas del que ama; pero importunos los besos del que aborrece" (Pr. 27:6).

Finalmente, vale la pena anotar que no debe usar un cañón para matar una pulga. Segunda a los Tesalonicenses 3:6-16 sugiere grados de disciplina: exhortación (versículo 12), apartarse de los ofensores (versículos 6, 14), amonestación pública de la persona (versículo 15). La expulsión pública es el último recurso, y confiamos en que los ofensores entren en sano juicio antes de que eso sea necesario. Pero si es necesaria la disciplina, no tema actuar. Solamente asegúrese de que sus líderes estén de su parte y que todos ustedes obedezcan la Palabra con humildad de espíritu.

¿Qué si alguien en la familia del pastor se extravía y necesita disciplina?

No siempre podemos controlar lo que hacen nuestros hijos después de haber madurado y de haberse mudado de casa. Creemos que si los hijos son criados debidamente, tendrán la inclinación a vivir rectamente; pero más de un obrero cristiano ha tenido un hijo (o una hija) que se ha vuelto pródigo. ¡Y gloria a Dios, muchos de esos pródigos eventualmente vuelven al hogar! Por eso, nunca se dé por vencido respecto a alguien. "El amor nunca deja de ser" (1 Co. 13:8).

Uno de los requerimientos para un pastor es que sus hijos sean obedientes y respetuosos (1 Ti. 3:4-5), lo que suponemos se refiere a los hijos que todavía están en casa bajo la autoridad de sus padres. No vemos ninguna razón por la que un pastor fiel debiera dejar el ministerio porque un hijo mayor de la familia se ha descarriado. ¿Por qué tener dos víctimas? ¿Se retiran los directivos de la iglesia cuando les va mal a sus hijos? Generalmente, no.

Tenemos que confesar, sin embargo, que el ministerio puede sufrir gran daño por el mal testimonio de un miembro de la familia pastoral. Esto puede ser una carga con la que tenemos que vivir. Si el comportamiento de un hijo menor verdaderamente traumatiza su testimonio y su obra, entonces tal vez debe mudarse a una esfera del ministerio que no sea el pastorado. Pero no se desespere. Ese no es el fin de la vida, y Dios no ha terminado su obra.

Al menudo no son los miembros de la iglesia sino los pastores colegas quienes son más duros con el pastor. Seamos amorosos y perdonadores; Mateo 7:1-5 todavía está en la Biblia. El amor cristiano nos impide anotar aquí los nombres de algunos grandes hombres de Dios cuyos hijos les han destrozado el corazón. Por otro lado, muchos siervos de Dios han visto el nuevo toque de Dios en su ministerio gracias al dolor de una crisis familiar. Dios todavía puede volver "la maldición en bendición" (Neh. 13:2).

NOTAS

REFLEXIONES

PUNTOS DE ACCIÓN

Capítulo 16

EL PASTOR Y SU HOGAR

¿Hasta qué punto debe mi cónyuge participar en mi ministerio?

Ya que en el matrimonio los dos "serán una sola carne", su cónyuge participa del ministerio, sea que le agrade a usted o no. Los pastores que no pueden confiar en su cónyuge y recibir ayuda en compartir la carga están destinados a un ministerio solitario y dificultoso. Nuestro hogar muchas veces dice más a nuestra gente que nuestros sermones. El hogar de un ministro del evangelio debe ser una bendición en su vecindad y en la iglesia en que trabajan.

La cantidad de actividad ministerial en la que participa su cónyuge depende de sus dones espirituales y sus talentos. Algunas personas son calladas y retiradas y hacen su mejor trabajo detrás del escenario, entrenando y animando a los demás. Otros gozosamente aceptan puestos de liderazgo y servicio en público. Su cónyuge tiene que expresar su propia personalidad y no ser una imitación de alguna otra persona. Si usted se muda a otro ministerio, dele tiempo a "incorporarse" antes de que asuma alguna responsabilidad en la iglesia. Sí, ustedes son un equipo, ¡pero no es muy probable que ambos reciban un sueldo de la iglesia! Además, su cónyuge no debe volverse tan indispensable para la iglesia, al punto de que su partida, debilite algún ministerio o que cause su colapso.

Lo importante es que ambos cumplan el ministerio que Dios les ha encomendado, tanto en el hogar como en la iglesia. Algunos de los miembros de la iglesia querrán verterlos en un molde, pero resístanlo. Sus ministerios individuales se mezclarán y serán una bendición cuando ambos estén sirviendo como Dios lo ha planeado. Cuando usted esté tenso y frustrado al estar en casa, ambos deben examinar su corazón y sus horarios para ver si las cosas están desequilibradas. Cuando oran juntos a diario, Dios los guiará. ¡Es emocionante desarrollar y servir juntos en la obra de Dios!

Esto lleva a otra pregunta: ¿Es prudente que una persona soltera sea pastor de una iglesia?

En Mateo 19:12 leemos que el estado civil de una persona no es tan sencillo como ir y buscar una pareja, y 1 Corintios 7:7-12 y 32-35 también tienen que tomarse en consideración. Todos debemos determinar la voluntad de Dios para nuestra vida. Es mejor estar solo y soltero que estar casado y ser infeliz. O, dicho de otra forma, es mejor pasar por la vida deseando lo que no se tiene que teniendo lo que no se desea.

Pero, tomando todo en consideración, es prudente buscar una pareja dentro de la voluntad de Dios (Gn. 2:18). Muchos buenos siervos de Dios han pastoreado exitosamente sin ser casados; Phillips Brooks, Clarence F. Macartney, y Roberto Murray M'Cheyne vienen a la mente. (Brooks más adelante admitió que su soltería fue un gran error.) Pero sin duda el hogar cristiano vibrante enriquece el carácter y el ministerio. Las cualidades en 1 Timoteo 3 no demandan matrimonio, pero sí lo suponen.

Muchos de los problemas que tiene que tratar un pastor en el ministerio de asesoría tienen que ver con el matrimonio y el hogar, de modo que es bueno tener experiencia de primera mano de cómo el Señor nos ayuda en nuestro hogar. Una cosa es hablar "a partir de la experiencia de autoridades" y otra muy distinta es hablar "con autoridad", aquella que viene de la experiencia personal.

No se centre demasiado en buscar una pareja. Sirva fielmente al Señor y deje este asunto en manos de Él. Cuando se presente la persona escogida, usted estará contento de haber esperado.

¿Dice usted que el hogar del ministro es parte vital del ministerio?

Exactamente. El hogar del ministro es definitivamente parte del ministerio, pero no debe convertirse en parte del edificio de la iglesia. La familia del ministro debe tener tanta privacidad como tiene cualquier miembro de la iglesia. Si su familia tiene que vivir junto al templo o muy cerca de él, no permita que los miembros pasen por su casa antes del culto o se queden allí después del mismo. Puede haber unos cuantos malentendidos antes de que usted logre hacer comprender su punto de vista a personas que quieren su bien, pero que son desconsideradas. Ninguna pareja puede soportar ser anfitrión y anfitriona los siete días de la semana. Nunca decida usar su hogar para una función de la iglesia sin consultarlo con su cónyuge, a no ser que quiera perder la felicidad hogareña.

Ciertamente debemos usar nuestro hogar para la gloria de Dios. Ser "hospitalario" es uno de los requisitos para el ministerio (1 Ti. 3:2). Pedro da el mismo mandamiento a todos los miembros de la iglesia, en 1 Pedro 4:8-9, de modo que se debe considerar como un aspecto importante.

¿A quiénes invitamos y cuándo? Invite a los directivos y sus cónyuges por lo menos una vez al año. En iglesias más grandes, donde hay muchos líderes, usted tendrá que tener varios almuerzos durante el año. Los nuevos miembros aprecian la oportunidad de llegar a conocer mejor al pastor. Debe incluir a la juventud de la iglesia, y no olvide invitar a los estudiantes universitarios cuando están en casa de vacaciones. No todas estas ocasiones tienen que ser un almuerzo. Una pizza después de un culto puede ser ideal. Trate de invitar a las parejas recién comprometidas como también a los recién casados. Deles el ejemplo de un hogar cristiano feliz.

Lleve un registro de los nombres de las visitas y qué les invitó. No haga esto sólo con los hermanos de la iglesia sino también con los predicadores visitantes y misioneros. Un registro salva de vergüenzas, y también sirve para planificar comidas en el futuro. Enterarse de lo que le agrada o no le agrada (o qué le divierte a) cada persona hará de ustedes perfectos anfitriones.

¿Cómo puedo ser un fiel pastor, esposo, y padre? ¿Qué puedo hacer para evitar los conflictos entre el hogar y la iglesia?

Los conflictos se evitan mejor siendo la misma persona en toda ocasión, su verdadero yo y su mejor yo. Un hogar feliz y una iglesia feliz están compuestos de los mismos ingredientes: el amor, la disciplina, el sacrificio, la Palabra, y la oración. Debemos ser tan amorosos en la iglesia como en el hogar, y debemos ser tan disciplinados en el hogar como en la iglesia. Cuando separamos la vida hogareña de la vida eclesiástica es que nos metemos en problemas. El pastor tiene que ser íntegro y no un actor que cambia frecuentemente de papeles. No hay lugar para pretensiones en el ministerio; otra palabra es hipocresía.

El pastor ministra a la familia cuando ministra a la iglesia y a la iglesia cuando ministra a la familia en su hogar, porque un hogar cristiano exitoso es la mayor fuerza de la iglesia local. Siempre somos pastores, siempre somos cónyuges, siempre somos padres. El decir que no serlo, o comportarnos como si no lo fuéramos, es llegar al cansancio total cambiando de máscaras, y un día seremos descubiertos.

Un pastor tiene que pasar tiempo con su familia. Los consejeros familiares nos recuerdan que no siempre es la cantidad de tiempo sino la calidad del mismo lo que cuenta. Esto probablemente es cierto, pero los niños no siempre pueden ver la diferencia. Usted se merece un día libre, y no puede pasar todas las noches en reuniones de comité. Afortunadamente, casi todos los pastores definen su propio horario y pueden dar prioridades a su tiempo. A menudo significa sacrificio, pero la vida está compuesta de sacrificios.

Si usted y su cónyuge están de acuerdo, los hijos no sufrirán. Si uno de ustedes está disgustado por causa de un horario demandante, ambos deben dedicar tiempo a hacer un inventario personal. Si alguno de sus hijos empieza a mostrar señas de problemas personales, revise nuevamente su horario y quizás, le convenga obtener los consejos de un profesional. Cada hijo es diferente, y algunos niños exigen más atención que otros. No es necesario sacrificar a un hijo por el buen éxito de la iglesia; Dios se puede encargar de ambos.

Su vida devocional y su hora de oración con su cónyuge son claves para alcanzar buen éxito en este campo. Los dos deciden el ambiente en el hogar. Esté alerta ante señales que le digan que es hora de hacer cambios en los planes familiares. Nadie disfruta las emergencias, pero a veces son oportunidades para examinar las dinámicas activas en la familia.

¿Cómo puede un joven ministro protegerse de las mujeres de la iglesia que tienen los ojos puestos en él?

Dos correcciones, por favor: puede ocurrir tanto a mujeres en el ministerio como a hombres, y le puede ocurrir a gente mayor como también a personas jóvenes. La edad no tiene nada que ver. Más de un pastor maduro ha caído de esta forma, "de modo que, el que piensa estar firme, mire que no caiga" (1 Co. 10:12). Si su matrimonio es todo lo que debiera ser, nadie en el mundo lo puede tentar. Vencemos a los gérmenes manteniendo buena salud, y tratamos con esta tentación específica manteniendo un matrimonio saludable. Si usted piensa sexualmente acerca de cualquier otra persona, sería mejor que vaya directamente a su casa y que empiece a reparar el daño que ya ha sido causado. Puede ser que su cónyuge no haya dicho nada, pero hay actitudes definidas que no se pueden ignorar.

Preste atención a su cónyuge en público sin ser exageradamente demostrativo. Muestre a los demás que ustedes se aman. Las personas intrigantes raramente se entrometen si sienten que no tiene oportunidad de tener éxito. Indique que no hay nada de lo que se puedan aferrar, que usted y su cónyuge se aman y tienen la intención de serse fieles mutuamente y al Señor.

Cuídese de las personas que constantemente quieren consejos personales después de cada culto. Sugiera que su cónyuge se una a ustedes para dichas sesiones de consejería. Si la persona se niega, usted ha descubierto la verdad. De hecho, su cónyuge puede detectar el peligro antes que usted. No es sensato asesorar a un miembro del sexo opuesto cuando está solo. En lo posible, su oficina en la iglesia debe estar adyacente a la de la secretaria o la de un asistente. Si tiene que ir al hogar de la persona, lleve a su cónyuge. Si ésta insiste en privacidad absoluta, vea que sea un lugar con buena visibilidad y que haya personas que los puedan ver aun sin que puedan escuchar la conversación.

No permita que la gente en la iglesia forme un club de admiradores. Es difícil tener un ministerio espiritual entre gente que lo ve como un sustituto de un esposo, un novio, una esposa, o una novia. Al aceptar su aplauso les hace muy poco bien y ellos le hacen un gran daño. Primera a Timoteo 5:1-3 sugiere que tratemos a los miembros de la iglesia como tratamos a los miembros de nuestra propia familia. Este es un consejo sabio.

Los pastores no tienen que cometer actos de inmoralidad para arruinar su testimonio y ministerio. Las sospechas y los chismes lo harán. "Consérvate puro" (1 Ti. 5:22). Un pastor previno a su asistente simpático acerca de mujeres intrigantes, y éste dijo:

—Pero hay seguridad en la cantidad.

—Sí —replicó el pastor—, ¡pero hay más seguridad en el éxodo!

José hubiera estado de acuerdo con ese consejo.

Repetimos: si su propio matrimonio es como debiera ser, y su andar con Dios es recto, usted tendrá pocos problemas en este asunto. Una mente casta le ayudará a mantener una vida casta. Al inicio de cada día, entréguele a Dios su cuerpo como un sacrificio vivo y pase tiempo en la Palabra para renovar su mente (Ro. 12:1-2). Vele y ore. "Mayor es el que está en vosotros, que el que está en el mundo" (1 Jn. 4:4).

NOTAS

REFLEXIONES

PUNTOS DE ACCIÓN

Capítulo 17

ASUNTOS PERSONALES

¿Cómo debo dividir mi tiempo para aprovechar mejor cada día?

D ividir no es la palabra correcta; la palabra *priorizar*. Dividir es separar cantidades específicas de tiempo para tareas definidas; el dar prioridad es acomodar sus tareas según el orden de importancia y usar su mejor tiempo para las tareas más esenciales. Suponga que divide su tiempo y decide estar en su oficina estudiando treinta horas por semana, pero termina haciéndolo solamente veinte. ¿Luego qué?

Hablando en forma general, la prioridad de un pastor es: (1) Dios, (2) el hogar, (3) la predicación semanal, (4) la obra pastoral, (5) la administración, (6) y cualquier cosa que quede. Un día eficiente empieza con un tiempo devocional antes de las faenas del día. Si no empieza el día con la Palabra y la oración, entregando su vida y obra a Dios, no hará el mejor uso de su tiempo. Jesús se levantaba temprano por la mañana para orar (Mr. 1:35; y vea Is. 50:4-5), y nosotros no podemos hacer menos. Fue John Henry Jowett (*The Preacher: His Life and Work* [El pastor: su vida y su obra], Hodderah and Stoughton, Londres, p. 116) que dijo que tenía que estar en su escritorio trabajando a la hora que se escuchaban las botas de los trabajadores en la calle, porque ¿cómo podría estar en la cama el siervo de Dios mientras los miembros de su rebaño ya estaban en su trabajo?

Aproveche las mañanas para el estudio y esté en su oficina a la misma hora cada día. No anuncie públicamente que no quiere que lo interrumpan, a no ser que tenga una relación sólida con su gente y puedan resistir tal anuncio. La actitud de los hermanos (buena o mala) es: "Nosotros pagamos su salario y debe estar a nuestra disposición." Lleva tiempo, pero eduque gradualmente a los hermanos para que no llamen por teléfono o se presenten en la oficina ("Estaba pasando por aquí...") cuando usted esté preparando el alimento espiritual para ellos. Un indicio a oídos de sus mejores obreros puede llevar este mensaje a su gente.

Dedique las tardes a la visitación, a la correspondencia, a llamadas telefónicas, y a la administración de los asuntos de la iglesia. Haga todas las llamadas telefónicas necesarias de una sola vez y demorará menos. Cuando lea su correo, apunte respuestas en los márgenes y no tendrá que leer nuevamente la carta cuando responda. Trate de hacer citas de asesoramiento en las tardes. Sin duda, en la noche habrá reuniones de comités y visitas especiales, como también las importantes horas en casa con su familia.

Aprenda a decir no a la mayor parte de invitaciones de fuera, en especial durante sus primeros años en una iglesia. Los pastores sí tienen necesidad de ministrar a otros fuera de su propio rebaño, pero no con negligencia a su propio ministerio. Asuma gradualmente nuevas responsabilidades y ministerios, y nunca empiece con un nuevo ministerio hasta que se sienta a bien con los que ya tiene. Demasiados hombres sienten que tienen que "encender al mundo" el primer mes en el campo. Comienzan a publicar un periódico, contratan un programa diario de radio, y se sienten obligados a hacer uso de la palabra en cada reunión en el pueblo o la ciudad. Sus ramas se esparcen más allá de la profundidad de sus raíces, y eventualmente, el árbol se cae. No tienen nada de malo las publicaciones eclesiásticas, los programas de radio, o el expresarse en otras reuniones; pero estas cosas deberían venir en el tiempo apropiado.

Lleve con usted una agenda de bolsillo o un asistente digital personal y úselo. No confíe en su memoria y no escriba notas en papelitos que fácilmente se pueden perder. Lleve consigo lo necesario para tener al día sus citas, los trabajos por hacer, los gastos, y las notas especiales. ¡Use estas ayudas! Prepare un horario para el día, la semana y el mes. Cada noche, marque los trabajos completados y haga una lista para el día siguiente. Todo esto suena elemental, pero resulta. "Planifique su trajo y trabaje según su planificación." Este es el programa que siguen los maestros en la industria, los hombres y las mujeres que llevan a cabo exitosamente su trabajo.

Al menos una vez al año, haga una lista de todo lo que está haciendo y vea cuántos de estos trabajos pueden ser hechos en mejor forma por otras personas. Esto es delegar. No hay razón por la que el pastor tenga que manejar la fotocopiadora, doblar los boletines, pegar las estampillas, y arreglar los himnarios rotos. Busque personas en la iglesia que puedan hacer estas cosas. Después de todo, la misión del pastor es ayudar a los miembros a hacer "la obra del ministerio" (Ef. 4:11-12).

Habrá días en que su horario se deshaga, pero no es necesario que usted se deshaga juntamente con él. Confíe en que Dios lo ayudará a cumplir su trabajo. Sea firme en sus prioridades. La iglesia prosperará o caerá conforme al poder de su ministerio en el púlpito y su obra pastoral.

Tómese un día libre por semana, y vaya de vacaciones como le corresponde. "¡Pero el diablo no se toma un día libre!", se puede lamentar alguien. Cierto, pero el diablo no tiene un cuerpo físico, y Satanás no es nuestro ejemplo en el ministerio. Jesús sabía que sus discípulos necesitaban un tiempo de descanso (Mr. 6:30-32), y sabe que nosotros también necesitamos descanso. Escoja el día que mejor vaya con su horario y el de la iglesia. El lunes no siempre es el mejor día, porque a menudo el domingo usted se entera de ciertas cosas que tienen que ser vistas inmediatamente, y en eso se le va el día libre. El jueves es un buen día para un descanso, en especial después de haber ejecutado el culto de media semana. Y no exagere los sábados. Muchos prominentes predicadores del pasado nunca salían un sábado por la noche, sino que lo pasaban preparando su alma para el día del Señor y orando por su gente.

Nunca malgaste los minutos extra que se le vienen. Si va a la peluquería o al consultorio médico, lleve un libro y evite malgastar el tiempo leyendo revistas viejas. Como sugerimos en el capitulo 6, usted debe descansar un poco antes y después de la cena y puede usar parte de ese tiempo para leer. Sin embargo, no ignore a su familia, en especial a su cónyuge, que puede tener cosas de qué hablar. Una noche de descanso es una buena oportunidad de repasar rápidamente los periódicos y las revistas que llegan a su hogar u oficina, marcar artículos para archivar, etc.

Durante el día, si descubre que se está poniendo nervioso o tenso, haga una pausa para orar y entregar todo a Dios. El Espíritu Santo es infinitamente eficiente; solo Él puede lubricar la maquinaria de su vida. Cuando confiamos en nuestra propia fortaleza y sabiduría nos desviamos y perdemos el tiempo. "Y la paz de Dios gobierne en vuestros corazones" (Col. 3:15).

A muchos pastores nos molestan las interrupciones, pero a veces nos traen oportunidades para ministrar. Mantenga "márgenes" en su vida y las interrupciones no lo molestarán. A menudo las interrupciones resultan ser el ministerio mismo.

¿Qué debo hacer para mantener la carga por la salvación de almas, y cómo debo comunicar esta carga a los hermanos de la iglesia?

Como dijimos de la visitación, es mejor dar el ejemplo de ganar almas que enseñar a cómo hacerlo. Si el pastor tiene una carga por las almas, se mostrará en cada aspecto de su ministerio: en la predicación, en la enseñanza, en la administración, en la asesoría, en las bodas, y en los funerales. No ganamos almas como encendemos y apagamos el radio. El ganar almas es la mayor preocupación de nuestra vida si deseamos glorificar a Cristo.

Mantenemos la carga por la salvación de almas al llevar a cabo nuestro trabajo. Cuanto más testificamos de Cristo, tanto más arde la llama. Cuando sentimos que nuestro corazón se está enfriando, tenemos que orar por la plenitud del Espíritu y luego salir a hablar con alguien acerca de Cristo. Tenemos que pedir a Dios que nos muestre en detalle lo que significa que un alma esté perdida y sin esperanzas. (Jonás tuvo esa experiencia: Jonás 4.) Si tenemos comunión diaria con Cristo, nuestro corazón se mantendrá tierno y amoroso, y tendremos el ardiente deseo de testificar de Él.

Lea libros acerca del evangelismo y de los grandes ganadores de almas. No se puede leer acerca de la vida de D. L. Moody, Billy Sunday, o el gitano Smith sin que el corazón se conmueva. Esto no significa que servimos con fuego prestado, pero sí significa que obtenemos inspiración de la vida de ellos. ¡Los ganadores de almas que están en el cielo nos pueden provocar a hacer buenas obras!

Tenga una lista de los inconversos que conoce y úsela para oración y visitas. Cuando se reúna con sus obreros para oración, comparta con ellos los nombres de los no salvos. Cuando estas personas acepten a Cristo, será de inmensa alegría para usted y sus líderes. Nada alimenta más la chispa del afán que el gozo de ver almas salvadas.

¿Qué debo hacer cuando en mi ministerio llega uno de esos días muy desalentadores?

El primer paso para superar el desaliento es darse cuenta de que estas experiencias les llegan a todos. A pesar de todos los libros acerca de "una vida más profunda", usted tendrá días de desaliento y depresión. Moisés los tuvo, como también Elías, David y Pablo. (¿Ha leído últimamente 2 Corintios 1?) No piense que ha perdido su llamado o que ha pecado y perdido la bendición de Dios solamente porque tiene un día nublado.

Cuando llegue ese día, encárelo honestamente. Ante todo, no tome decisiones importantes. Muchos fieles siervos han dañado su ministerio al renunciar neciamente a la voluntad de Dios, sencillamente porque en un día oscuro se sentían fallidos. Hable con un amigo íntimo acerca de sus sentimientos, y ore por la gracia de Dios. Pase tiempo con su esposa y sus hijos. Salga a ventilarse un poco. A veces la causa básica es física: lo que necesita es aire puro, ejercicios, y un cambio de ritmo. (¿Se acuerda de Elías? ¡Lo que necesitaba era una buena siesta!) Cuando sienta que uno de esos días oscuros está por golpearlo, haga sus planes de acuerdo con ello.

Tenga paciencia consigo mismo y con el Señor. El sentimiento de fracaso pasará. Es asombroso lo diferente que se verá la situación veinticuatro horas más tarde. Tenga cuidado con la autocompasión; es el veneno que mata el gozo en el ministerio. También, tenga cuidado con volverse crítico de su gente. En la oscuridad, todo se ve fuera de proporción, de modo que espere a que comience a brillar el sol. Cuando Dios le dé luz, verá que casi todas las cosas que temió eran sencillamente sombras.

En muchos casos, sencillamente entregarse a Dios y salir a ministrar a alguna otra persona apurará su recuperación. No hay terapia más potente que dar ánimo a otro hijo de Dios. Si está en su casa enfurruñado, o sentado en su oficina lamiendo sus heridas, sólo empeorará. Haga algo activo. Pronto, volverán la fe y el gozo.

Los pastores que sufren de desaliento crónico, hasta el punto de la desesperación, deben buscar asesoría profesional.

¿Con cuánta frecuencia debo predicar fuera de mi propio campo de labor?

No se aleje mucho el primer año en un nuevo campo de labor. Usted tiene necesidad de estar en el púlpito, alimentando al rebaño, dando a los hermanos la oportunidad de llegarlo a conocer. Después de eso, puede pensar en un ministerio más amplio; pero deje que el Señor abra las puertas.

Si es sensato en sus planes y pone en primer lugar a su iglesia, los hermanos dejarán que decida su propio horario y no se quejarán. Si viaja demasiado, sólo se dañará a sí mismo y a la iglesia. Si descubre que quiere hacer viajes de predicación, tal vez sea hora de que considere un cambio. Un padre espiritual ama en el Señor a sus hijos y quiere estar con ellos. Las ovejas necesitan un fiel pastor, no un canguro que salta dentro y fuera del prado. Mientras esté en su campo de labor, y ministre fielmente a la gente, los hermanos no le impedirán que ministre en otros lugares. Más bien, estarán orgullosos de que otras personas quieran escuchar a su pastor.

Por supuesto, hay que enseñar a la iglesia que el ministerio más amplio del pastor es bueno para el pastor y para ellos. Es bueno que el pastor ocasionalmente tenga un cambio de localidad y ritmo para que sea de mayor bendición a los demás. Nuestra experiencia ha sido que el ministerio más amplio es más difícil que "quedarse en casa", pero invariablemente volvimos a "nuestra iglesia" ansiosos de ministrar a los hermanos, con nuevas cosas que aprendimos al estar fuera. Es bueno para la iglesia cuando el pastor ocasionalmente está fuera. Ellos pueden oír a otros predicadores, y son bendecidos al compartir a su pastor con otros. Después de todo, el pastor es un don para toda la iglesia y no solo para una iglesia local (Ef 4:8-15).

Fuera de las vacaciones anuales, u otras ocasiones especiales, el pastor no debe estar fuera dos domingos seguidos. Si usted se siente un extraño en su propio púlpito, ha estado fuera muy a menudo. Si usted detecta que las ovejas están inquietas, mejor es que permanezca en casa. Algunas iglesias definen cuántas semanas el pastor puede predicar en otras iglesias. Si es así, acepte las normas y no se queje. Si Dios quiere darle un ministerio más amplio, también le dará la oportunidad de hacer los cambios necesarios en los estatutos. Sólo asegúrese de que cuando vaya a otra parte a predicar, lo haga porque quiere ser de bendición y no por escapar de los problemas de su propia iglesia.

Finalmente, esté al tanto del calendario de la iglesia, y no viaje en las fechas importantes del año. La iglesia que usted pastorea es la base para su ministerio, no su esfera de ministerio; no socave la base. Si lo hace, puede resultar que no tenga ministerio.

Me avergüenza preguntar esto, pero ¿qué puedo hacer para avisar a la iglesia que necesito un aumento de sueldo? ¿Es falta de madurez espiritual hablar de la economía?

¡No tiene porqué sentirse avergonzado! El manejo del dinero y el cuidado del personal y los misioneros de una iglesia es un asunto muy espiritual. Casi todas las iglesias tienen la norma de revisar los salarios anualmente. Un pastor debe recibir un aumento al menos del costo de vida, y si la obra es próspera, un aumento de mérito (1 Ti 5:17-18). Antes de aceptar un llamado, discuta el asunto con el comité y averigüe cuál es su política. Es importante para ellos (y a su familia) que sea abierto y conciso sin aparentar que está aprovechándose.

Lo que nunca debe hacer es incluir en sus prédicas su economía personal, o dar insinuaciones por aquí y por allá en la iglesia. Su cónyuge también debe tener cuidado de no hablar con los hermanos acerca del dinero. Hable con Dios acerca de sus necesidades y tenga paciencia. Si la iglesia es insensible a sus necesidades, Dios cubrirá esas necesidades de otra forma; pero la iglesia saldrá perdiendo. Es triste que algunas iglesias traten de obtener "una ganga" al llamar a un pastor y luego se preguntan por qué al parecer Dios nunca los bendice. La iglesia que cuida de su pastor descubrirá que Dios cuidará de la iglesia.

Siempre hay necesidad de educar a la iglesia en asuntos de mayordomía. Si usted predica fielmente la Palabra, tendrá que tratar la enseñanza bíblica acerca de las riquezas y las ofrendas, de modo que no bordee el asunto. Se nos ordena decir a la gente cómo Dios quiere que usen las riquezas que Él coloca en sus manos (1 Ti 6:17-19).

Si quiere volverse rico, no se aboque al ministerio. Ha sido nuestra experiencia que Dios cubre toda necesidad y nos da mucho más de lo que merecemos. Cualquier sacrificio que hacemos es más que compensado por nuestro amoroso Padre. No se obsesione por el dinero. Mateo 6:33 debe ser nuestro guía.

¿Qué debo hacer para que mi vida devocional sea más significativa?

Los pastores manejan día tras día los tesoros espirituales de la Palabra, y si no tienen cuidado, perderán la maravilla de todo ello. Usted hace cuatro o cinco visitas y ora en cada hogar o sala de hospital, y puede descubrir que ora en forma muy rutinaria. Hasta el estudio diario de la Palabra se puede tornarse rutinario. En *Lectures on Preaching* [Discursos a predicadores], Phillips Brooks dice: "El problema no está en la Palabra o en la oración, sino en el corazón del ministro."

Necesitamos tiempo interrumpido para meditar en la Palabra y orar. Empiece cada día con un encuentro con Dios. Si comienza a medir esta reunión con el reloj, empezará a apagar el fuego. No importa cuán ocupado crea que esté, nunca debe permitir que la hora matutina se haga una rutina rápida o descuidada.

A muchos pastores les ayuda el uso de distintas traducciones para su lectura devocional de la Biblia, siempre buscando oír la voz del Señor. Podemos familiarizarnos tanto con nuestra versión favorita que ya no nos habla. Una edición con margen ancho es útil porque uno puede escribir notas a medida que Dios le habla; pero tenga cuidado de que el tiempo devocional no se convierta en tiempo de preparación para un sermón. Se trata de un encuentro con Dios para oír su voz personalmente, en medio de nuestras necesidades; y si Él satisface nuestras necesidades, obrará por medio nuestro para cubrir las necesidades de los demás. Si al respirar ha intentado inhalar una vez y exhalar dos veces, sabe que no puede dar si es que no recibe.

Use un cuaderno de apuntes para su "diario devocional" y apunte las verdades que Dios le da al meditar. Tenga páginas separadas para peticiones de oración por cada día de la semana y una página en que anote las cosas especiales por las que ora todos los días. Si oramos por las mismas cosas todos los días, nuestras oraciones se pueden volver superficiales. Deje que el Espíritu lo guíe, no la página del cuaderno.

Si ministramos a nuestra gente como debemos, habrán suficientes cargas en nuestro corazón como para motivarnos a orar por ellas. ¡Dios tiene una manera de colocarnos en el horno cuando lo necesitamos! Cuanto más se profundiza en las necesidades de las personas, tanto menos suficiente se sentirá, y tanto más tendrá que dirigirse a Dios pidiendo ayuda. "¿Quién es suficiente?", pregunta Pablo, y luego contesta a su pregunta: "Nuestra competencia proviene de Dios" (2 Co 2:16; 3:5).

Lea los grandes clásicos devocionales, pero no como un sustituto de su Biblia. Leer ocasionalmente un sermón publicado sólo para alimentar a su propia alma, es un excelente ejercicio espiritual. Recuerde, el pastor pocas veces oye predicar a otros, y nuestra propia alma puede estar hambrienta por un sermón. No lea siempre los sermones de los mismos predicadores, no importa cuánto le agraden; varíe la dieta espiritual.

Es una buena práctica reunirse regularmente a orar con un amigo pastor. Afortunado es el pastor que tiene un amigo con quien orar. Sean sinceros el uno con el otro; les hará bien a ambos.

Nuestra vida espiritual empieza a deteriorarse cuando oramos cosas que no sentimos, predicamos lo que no practicamos, y esperamos de los demás cosas que nosotros no hacemos. Es importante que examinemos nuestro propio corazón en busca de cualquier señal de erosión. Tenemos que aplicar la Palabra a nuestra propia vida antes de atrevernos a aplicarla a la vida de los demás.

Sin duda usted descubrirá que ciertas partes de la Biblia y que ciertos libros devocionales "dan en el clavo", especialmente, cuando empiece a sentir la fatiga de la batalla. Salga de casa o de la iglesia por una o dos horas, y deje que Dios quite las viejas cenizas del altar de su alma.

No se puede separar la vida interior de la exterior. Una de las mejores formas de levantar la llama de la devoción es salir a ministrar a alguien que tiene necesidad. "Dad, y se os dará" (Lc. 6:38). Una vida devocional centrada en sí mismo no es una vida devocional centrada en Cristo. Recibimos el agua viva para que seamos canales de bendición a los demás (Jn. 7:37-39).

¿A dónde puedo dirigirme con mis problemas para recibir ayuda y aliento? Oro bastante y converso con mi cónyuge, pero quisiera "descargarme" con un consagrado apóstol o profeta.

La soledad del liderazgo es algo de lo más difícil de soportar. Si usted lee biografías, sabrá lo cierto que es esto.

El Salmo 23:1 dice que el Señor es nuestro pastor. Creemos que Dios quiere pastorear a sus siervos y que es capaz de guiarnos a través de los lugares difíciles en la vida. Ciertamente hay una gracia especial para el ministro que predica la

Palabra y pastorea el rebaño. ¡El Señor no nos abandonará!

Pero también es bueno tener a alguien con quien compartir nuestra carga, y para esto hay que dirigirse a un pastor mayor, con más experiencia. ¡Afortunado es el pastor joven que tiene un pastor amigo, maduro, que pacientemente puede escuchar los problemas del ministerio! Generalmente, en cada campo, hay ministros con experiencia cuyas puertas y corazones están abiertos para los siervos más jóvenes. Hasta una conversación telefónica a kilómetros de distancia puede ser muy útil para levantar la carga.

A veces encontrará en la iglesia una pareja consagrada al Señor con quien sentirá una íntima relación, y puede sentir la libertad de hablar con ellos. No es prudente abrir su corazón a cualquiera en la iglesia, pero el pastor joven puede compartir su carga con alguna pareja madura (o tal vez un obrero mayor) sin tener que preocuparse por las consecuencias.

Ante todo, cuídese de la autocompasión. La autocompasión es el primer paso hacia la derrota en el ministerio porque nutre a nuestro orgullo. La soledad y la autocompasión a menudo van de la mano. Si nota que la autocompasión está invadiendo su corazón, salga a hacer algo por alguna otra persona o sencillamente disfrute de algún ejercicio. Escoja el ejercicio que a usted le gusta; ¡pero haga algo! Es nuestra experiencia que el desaliento a veces es síntoma de cansancio físico, y tal vez lo mejor que puede hacer es tomar una siesta.

¿Nos guía el Señor a presentar nuestra renuncia aunque no tengamos otro puesto disponible?

Generalmente no, pero sí ocurre. En la Biblia, vemos a pocas personas, si acaso alguna, que estuvieron esperando que Dios las dirija. Una responsabilidad generalmente es preparación para la siguiente. De hecho, no tener una iglesia podría ser una gran barrera para recibir el llamado de otra iglesia. La mayoría de los comités de púlpito buscan un pastor que está ocupado en una iglesia y haciendo algo.

Ha sido nuestra experiencia que Dios empieza a mover el corazón mucho tiempo antes de que nos mueva físicamente. Si usted anda con el Señor, Él lo dirigirá a su tiempo, ¡y nunca tarde! Muchos pastores renuncian apurados y se arrepienten luego. Si hubieran esperado unos meses, la marea hubiera cambiado y la obra hubiera prosperado. V. Raymond Edman, durante muchos años presidente de *Wheaton College* (Illinois), a menudo hacia recordar a los estudiantes: "Siempre es muy pronto para darse por vencido."

La vida de los siervos de Dios de la Biblia, y la vida de los grandes hombres de la historia de la Iglesia, indica que Dios obra pacientemente, conforme a un plan definido. Dios raramente tiene a un obrero fiel esperando, a no ser que haya una lección que aprender, que no puede ser aprendida de otra manera.

La diferencia entre un verdadero pastor y un asalariado es que el asalariado se escapa cuando las cosas se ponen feas (Jn 10:1-14). Los pastores fieles nunca dejan un ministerio; van a un ministerio porque Dios les ha llamado a ello. Esa es la diferencia.

NOTAS

REFLEXIONES

PUNTOS DE ACCIÓN

Capítulo 18

EL PASTOR Y SUS PRIORIDADES

¿Cuáles son las prioridades básicas en el ministerio cristiano?

Hemos mencionado esto antes pero nunca es malo repasarlo y tal vez ahondar un poco. Sugerimos que sus prioridades sean como sigue:

1. **Su vida devocional personal.** El buen éxito o el fracaso de todo lo que usted haga depende de su fidelidad en esto. "Separados de mí nada podéis hacer" (Jn 15:5).

2. **La fe de su familia.** Su ministerio empieza en casa. Otra persona puede pastorear la iglesia, pero solamente usted puede ser cónyuge y padre de familia en su hogar.

3. **Una preocupación por las almas.** Mantenga vivo el fuego; de otra manera, su ministerio se volverá frío y académico.

4. **El estudio.** No se conforme con sermones de segunda mano. Haga su propio trabajo y cave hondo en busca de los tesoros espirituales. Cuide de sus horas matutinas e inviértalas en estudios concentrados.

5. **La predicación.** La historia revela que el nivel espiritual de las iglesias depende de la fiel predicación de la Palabra. No permita que la presión de lo inmediato le robe el tiempo que necesita para la preparación de sermones. Aprenda a decir no y controle su horario diario.

6. **El ministerio pastoral.** Este contacto personal con los hermanos de la iglesia le ayudará a equilibrar la obra. El predicador tiene que ser "pastor" para que la Palabra toque las vidas en una forma personal. Las

personas a quienes ayuda, lo ayudarán. Aprendemos al recibir, pero crecemos al dar.

7. **El trabajo administrativo diario de la iglesia.** Ya que el pastor es el líder, esto también es obra pastoral, de modo que no lo minimice ni lo ignore. Sin embargo, no abarque todos los detalles del ministerio de la iglesia. Si usted quiere dirigir cada aspecto del ministerio, no tendrá el tiempo necesario para el desarrollo espiritual de su grey. Lleva tiempo llegar a la santidad y ayudar otros a crecer en santidad.

No vemos las prioridades como peldaños de una escalera, sino más bien como rayos de una rueda. El centro de la rueda es su andar con Dios. Todo lo demás es resultado de ello. Pablo hizo muchas cosas, pero todas eran controladas por ese decisivo "una cosa hago" (Fil. 3:13).

¿Cómo se mide el buen éxito en el ministerio?

Es extraño, pero muchos de los pastores a través de la historia que fueron exitosos, pensaban que habían fracasado. Tal vez es porque un ministro en crecimiento nunca está satisfecho y quiere ver al Señor haciendo más. Dios raramente deja ver a sus siervos todo el bien que están haciendo.

Si el pastor está creciendo personalmente, entonces la iglesia crecerá. Si hay conformismo en su vida, tenga cuidado. Si perdió el entusiasmo en el estudio de la Palabra y en la preparación de los mensajes, si la obra pastoral le parece aburrida, si llega tarde a la oficina y sale temprano, si empieza a ser defensivo, entonces ha empezado la erosión espiritual y tanto usted como la iglesia van a sufrir. Si la obra es un desafío, y si usted anticipa ansiosamente ministrar la Palabra en público y de casa en casa, entonces es probable que Dios le esté bendiciendo y que la obra esté creciendo.

Hay un libro en la Biblia llamado Números; pero "los números" no lo son todo. Donde hay vida, hay crecimiento. Carlos Spurgeon solía decir que las personas que criticaban las estadísticas eran las que no tenían nada que informar. Tal vez tuvo razón. El Espíritu Santo contaba las cantidades en el libro de Hechos, pero las cantidades eran el resultado del ministerio de hombres y mujeres dedicados a la obra de Dios. Queremos que nuestras iglesias crezcan, no para poder contar a la gente, sino porque la gente cuenta. A veces hay un crecimiento lento, constante; otras veces, Dios da una cosecha abundante. El incremento numérico es una indicación de que Dios está obrando, a no ser que el incremento sea un resultado de ardides carnales, hechos por el hombre.

El incremento de las ofrendas también es prueba del buen éxito espiritual. Si se alimenta a las ovejas, ofrendarán. Cuando están hambrientas, empezarán a morderse entre ellas. Cuando el ministerio está siendo bendecido por Dios, hay en la iglesia un ambiente de amor, confianza, y servicio. Casi siempre, los hermanos se amarán y querrán ministrar el uno al otro. Usted siempre tendrá problemas que resolver y batallas que luchar, porque una iglesia está conformada por personas; pero estos problemas no crecerán hasta convertirse en crisis. La habilidad de la iglesia de encarar y solucionar problemas es una indicación de crecimiento espiritual. También, la aparición de nuevos problemas indica que la iglesia se mueve. Nunca tema los desacuerdos en la iglesia, porque donde hay movimiento, puede haber fricción. La falta de fricción puede significar que la iglesia ya no está en movimiento.

Si usted ha fijado metas definidas para su ministerio, alcanzar esas metas una a una será una indicación de que está progresando. El pastor que sencillamente se deja llevar por la corriente semana tras semana siempre estará desalentado, porque no sabe a dónde va. "Si el piloto no sabe hacia qué puerto se dirige, cualquier viento será contrario."

La segunda carta a los Corintios 10:7-13 es una prevención muy clara contra una mala evaluación propia. Es fácil que una iglesia se convierta en una sociedad de mutua admiración. La verdadera medida del ministerio de una iglesia no es lo que está haciendo comparado con alguna otra iglesia (que puede ser más pequeña), sino lo que está haciendo comparado con su propio potencial. La iglesia que podría tener mil en la escuela dominical, pero que se contenta con doscientos, está fracasando.

Nunca olvide que las iglesias pasan por estados de crecimiento, tal como el cuerpo humano. La infancia de una nueva iglesia es fascinante, no muy distinta al nacimiento de un bebé. Pero luego las cosas se tranquilizan, y uno llega a la niñez, en la que la iglesia tiene que ser instruida y adiestrada. En la adolescencia, parece que su gente manufactura problemas. Una vez que la iglesia llegue a la madurez espiritual, ¡siga luchando! Asegúrese de que la iglesia esté ganando almas para que constantemente se produzca vida nueva en el cuerpo. Cuando la iglesia llegue a la ancianidad espiritual, usted tendrá serios problemas: ¡el siguiente paso es la "segunda niñez" (vea Heb 5:12)! Es sabio el pastor que discierne los tiempos y las temporadas, y que predica y planifica según el caso.

Como ya hemos dicho, el Señor raramente hace saber a sus siervos el bien que están haciendo. Cuando usted se siente de lo más desalentado, Dios probablemente lo está usando de la forma más grandiosa. Sea fiel (1 Co. 4:2). Dios se encargará de lo demás. Los soldados en las trincheras no ven el progreso de toda la batalla, pero el general sabe lo que está haciendo. Haga su obra fielmente y deje los resultados al Señor.

Lea 1 Corintios 3 y note las tres figuras de la iglesia: una familia (vv. 1-4), el campo (vv. 5-9), y el templo (vv. 10-22). El propósito de la familia es la madurez, la meta del campo es la cantidad, y el objetivo del templo es la calidad. Cuando usted ve a su gente madurando, que cada vez llegan a ser más como Jesús, la familia tiene buen éxito. Si están trabajando y viendo una cosecha, la iglesia es exitosa. Si usted y sus líderes usan debidamente la Palabra y la sabiduría de Dios para edificar la iglesia, entonces usted está experimentando buen éxito. No se mida a sí mismo ni se compare con un pastor popular de alto vuelo o a su iglesia con las iglesias de esos pastores, porque cada situación es única y no hay dos iglesias iguales. La orden: "ocupaos en vuestra salvación con temor y temblor" (Fil 2:12) está en plural. Pablo se dirigía a toda la congregación. Dios tiene un plan especial para cada iglesia y es privilegio nuestro averiguar cuál es ese plan, y luego seguirlo.

NOTAS

REFLEXIONES

PUNTOS DE ACCIÓN

Capítulo 19

EL MINISTERIO DE
LA ESPOSA DEL PASTOR

Nota: Como sabemos que tanto mujeres como hombres sirven en el ministerio cristiano, hemos mantenido neutrales los capítulos anteriores en cuestión de sexo. Pero sentimos que la esposa del pastor tiene algunas situaciones y problemas que merecen atención especial. La mayor parte del material en este capitulo ha sido provisto por Lucile Sugden y Betty Wiersbe.

¿Cuán importante es la esposa del pastor en la obra del ministerio?

¡Ella es muy importante! Su actitud ayuda a determinar el ambiente en el hogar, y esto afecta a su esposo y a la familia y, por lo tanto, toca al ministerio en la iglesia. Si su esposa administra capazmente los asuntos del hogar (lleva los libros, paga las cuentas, etc.), usted tendrá más tiempo para el ministerio. Afortunado es el pastor cuya esposa sabe supervisar las actividades de la familia. Mientras que la esposa del pastor no es pastor asistente —y si lo es, ¡ciertamente no tiene un sueldo!— su amor por Cristo y su pueblo tendrá un impacto en los hermanos. Si es un mal ejemplo como creyente, esposa, o madre, habrá consecuencias dolorosas que pueden dañar el ministerio. Quiera o no quiera, ella es la "primera dama" de la iglesia y las demás mujeres bien la admirarán o la criticarán, o tal vez harán ambas cosas. Ella está a la vista de todos, y eso no es fácil; pero tiene una gran oportunidad de influenciar a los demás en el servicio al Señor.

¿Debe la esposa del pastor tener un llamado al ministerio?

Ciertamente es de mucho valor si ella sabe que Dios la ha llamado a su servicio y que ella y su esposo son obreros conjuntamente. Las demandas del ministerio son grandes, y es muy útil si la esposa del ministro confía en que está exactamente donde Dios quiere que esté. Esto significa llevar juntos la carga, orar juntos, trabajar juntos, sentir dolor y angustia juntos, y confiar juntos. Si ella decide ir en otra dirección, o si no tiene todo su interés puesto en la obra, eso sólo puede crear problemas tanto en el hogar como en la iglesia.

Un seguro llamado del Señor produce unidad en la labor. Sí, hay sacrificios que ella tiene que hacer —horarios interrumpidos, reuniones nocturnas, emergencias de noche—; pero todo es parte del llamado. También lo son las atenciones extra que tiene que dar. Sentimos compasión por el pastor cuya esposa tiene su propia agenda y habla de "tu trabajo" y "mi trabajo".

¿Cuál es el ministerio más importante de la esposa del pastor?

Es importante que la esposa del pastor sea una mujer consagrada y que use sus dones y talentos para servir al Señor, primeramente en el hogar y luego en la iglesia. El esposo y la esposa tienen que trabajar juntos para hacer del hogar un lugar de refugio y gozo, para la gloria de Dios. Sea cual sea la vocación de una persona, el edificar un hogar cristiano fuerte demanda trabajo y sacrificio, oración y paciencia, pero cuando uno está en el ministerio, hay algunos desafío especiales. El esposo tiene que aclarar al comité que lo interroga para el pastorado que su esposa servirá fielmente a su lado, pero que la iglesia no la está llamando como una asistente sin paga. Si tienen hijos menores, ellos necesitan de su cuidado amoroso. Usted tiene que proteger y defender a su esposa, y socorrerla de la influencia de personas que quisieran dirigir su vida.

¿Qué puedo hacer para ayudar a mi esposa a cumplir sus responsabilidades?

Ore fielmente por ella y sea sensible a sus necesidades. Usted y su esposa deben orar juntos cada día, mañana y tarde, como también tener sus momentos devocionales privados; y deben orar también con los hijos. Usted debe saber cuál es el horario de ella y tratar de ayudarla cuando pueda. Por supuesto, manténgala informada de su horario y no olvide decirle cuando hay cambios, en especial si esos cambios afectan la hora de la comida o las actividades con los niños. Si lo llaman a una emergencia, avísele por teléfono para que ella pueda anticipar cualquier demora que afecte los planes de la familia.

Haga arreglos para que su esposa pase momentos fuera del hogar, aunque sólo sea pasear por las tiendas o almorzar con una amiga. Si tienen hijos pequeños, lleve ocasionalmente sus libros de estudio a casa y releve a su esposa, ¡y no se sienta culpable por ello! Recuerde, lo mejor que puede hacer por su iglesia es edificar un hogar feliz. Si su esposa tiene un pasatiempo —y debería tenerlo, así fuera únicamente para "hacer cambios" ocasionalmente— muestre interés en ello y anímela.

¿Cómo debe tratar mi esposa las críticas acerca de mí o de ella?

No importa cuán útil pueda ser la crítica constructiva, las críticas poco amables duelen, y no son fáciles de manejar. Quienes trabajan en el ministerio tienen que esperar que haya crítica porque estas acompañan al liderazgo. Si a la gente no le agrada el pastor, criticará a su esposa y a sus hijos. Casi todas las críticas se pueden pasar por alto o uno puede reírse de ellas, pero algunas han sido encendidas en el infierno (Stg. 3:6) y tienen que ser silenciadas.

Las críticas que no le duelen a usted pueden dolerle a su esposa, de modo que no las trate livianamente. Eso sólo hará que le duela aun más. Tome en serio sus sentimientos, escuche compasivamente, y luego oren juntos. Tenemos que aprender a perdonar a los que nos usan maliciosamente y dejar el asunto con el Señor. Lleva tiempo hasta que un corazón se cure, pero el Señor puede "vendar a los quebrantados de corazón" (Is. 61:1).

Después que haya estado en la iglesia un tiempo, probablemente descubrirá quienes son los chismosos y críticos y podrá enfrentarlos amorosamente. Pero no se desvíe de lo principal: edificar un hogar cristiano y una iglesia piadosa.

¿Debe la esposa del pastor tener trabajo fuera del hogar?

Hace años, la respuesta hubiera sido un rotundo no. La mayoría de las iglesias esperaban que la esposa del pastor se dedique las veinticuatro horas del día a la iglesia y a su hogar, en ese orden. Pero los tiempos han cambiado y también la economía de criar una familia. A no ser que la iglesia sea muy generosa, muchos hogares ministeriales de hoy necesitan de dos ingresos para poder proveer lo básico de la vida como también los seguros, la educación, el transporte, y muchas cosas que una familia necesita.

Además, si su esposa tiene una profesión, como enfermera o profesora, ¿por qué debiera perder las credenciales conseguidas con tanto esfuerzo abandonando su vocación? Muchas esposas en la iglesia trabajan fuera del hogar, ¿y por qué no la esposa del pastor? En comunidades pequeñas su esposa puede tener una influencia cristiana en su centro de trabajo, y muchas personas la felicitarán por su esfuerzo. En comunidades grandes, nadie se dará cuenta. La decisión es suya y de su esposa, no suya y del comité de la iglesia. Sin embargo, discútalo con los comités de búsqueda de pastor antes de aceptar un llamado.

Muchas iglesias de hoy son bastante más flexibles respecto de esposas que trabajan fuera del hogar de lo que eran hace años atrás, pero la aprobación de la iglesia no es una garantía de la bendición del cielo. Usted y su esposa tienen que pesar el asunto, orar, y asegurarse de que estén en la voluntad de Dios. Hemos visto más de un matrimonio ministerial terminar en divorcio porque el esposo y la esposa tiraban cada uno por su lado. No importa cuánto dinero ganaban, no valía la pena.

¿Qué si mi esposa y yo no estamos de acuerdo en decisiones del ministerio y los planes para la iglesia?

¡Sabio es el pastor que escucha a su fiel esposa! Muchas veces hay más sentido en la llamada intuición de una mujer que en algunas enseñanzas que obtuvo usted en el seminario o en el último cursillo al que asistió. Su esposa nunca debe decidir el curso de una acción en el ministerio, y debe apoyarlo aunque no esté de acuerdo; pero al mismo tiempo, usted debe darle el derecho de ejercer sus dones espirituales y expresar sus preocupaciones. Si ella tiene una mente espiritual, orará bastante antes de decirle por qué está en desacuerdo con usted, y escuchará lo que usted tiene que decir. Usted y su esposa tienen que estar unidos en las decisiones importantes de la vida. Si el Enemigo los puede separarlos, estará en camino de una gran victoria sobre su hogar y su ministerio.

Sabemos de una esposa que expresaba públicamente el desacuerdo con su esposo en las sesiones de la iglesia. Ella puede haber tenido algunos buenos consejos que darle, pero mostró gran falta de tacto al expresar públicamente lo que hubiera podido decir en casa, captando así toda la atención de su esposo. Ese ministerio no duró mucho.

¿Qué ministerios dentro de la iglesia debe tener la esposa del pastor?

Sus dones y talentos determinarán esto, puesto que, no todas las esposas de pastor son iguales. Pensamos que no debe tener un puesto en la directiva de la iglesia, a no ser quizás en la organización de mujeres. Es mejor que adiestre a otras mujeres. Siempre puede animar a ayudar manteniéndose al margen y dejar que otras personas se acrediten.

Pero si su esposa tiene dones especiales, en música o en enseñanza, por ejemplo, no permita que entierre su talento sólo porque se casó con un pastor. Asegúrese de que a nadie se le ocurra que ustedes se están "apoderando de la iglesia". Si los dos dedican mucho tiempo a la iglesia, ¿qué ocurrirá si Dios los muda a otra parte? Esta bien cubrir algunas de las vacantes temporalmente, pero no permita que su esposa se sacrifique a sí misma, ni a la familia, porque otros se niegan a servir y prefieren que ella haga el trabajo.

Si ella tiene el don de la enseñanza, debe usarlo; pero aunque no lo haga, anime a su esposa a estudiar con esmero la Biblia. Eso la ayudará como creyente, esposa, madre, y consejera. En algunas iglesias, el pastor y su esposa enseñan en equipo a una clase mixta. A veces enseñan a una clase de nuevos creyentes o de recién casados. Espere en el Señor y Él la ubicará donde mejor pueda desempeñarse. Hay formas en que ella puede servir al Señor en los puestos más adecuados, y su servicio no tiene porqué crear problemas.

¿Debo compartir con mi esposa información confidencial que tenga que ver con miembros de la iglesia o problemas en la congregación?

Hablando en forma general, no. Ustedes se protegen entre sí de los chismosos entrometidos cuando ambos pueden decir honestamente: "Mi esposa (mi esposo) no me ha dicho nada acerca de esto." Con el tiempo, los aficionados reporteros investigadores de la iglesia dejarán de interrogarles. Usted y su esposa deben hablar y orar juntos acerca de los problemas de la iglesia. Quizá descubra que lo que usted pensaba que era un asunto confidencial en realidad es algo que sus hijos oyeron en un culto de jóvenes hace varias semanas y le informaron a su madre. Usted necesita la comprensión y el apoyo en oración de su esposa, además, le hará bien conversar con ella acerca de los problemas. A menudo ella, amorosamente, le puede dar una perspectiva equilibrada acerca del problema, y eso le facilitará el ministerio a las personas involucradas.

El otro lado de la moneda es este: cuando a su esposa le cuentan algo en forma confidencial, y ella ve que usted se dirige en el sentido equivocado y puede empeorar el problema, ¿qué debe hacer ella? Es aquí donde usted y su esposa tienen que confiar el uno en el otro. Cuando ella dice: "Querido, en tu caso yo no haría eso", preste atención y no haga preguntas. Ella puede llamar a su confidente y decir: "Creo que es hora de que mi esposo se entere de lo que usted me contó. ¿Me da su permiso para decírselo?" Si la respuesta es que no, entonces ella tiene que encomendarlo al Señor, mientras le propina toda la ayuda disponible a usted, sin quebrar la confianza depositada en ella.

Cuando alguien comparte un asunto con usted o con su esposa y pide que sea confidencial, cada uno debe sentir la libertad de decir: "Mi esposa (esposo) y yo compartimos juntos el peso del ministerio. Si alguna vez en el futuro siento que ella (él) debe tener conocimiento de esto, ¿me concede su permiso para contárselo?" Casi todos dirán: "Sí, confío en que usted hará lo debido."

La confidencialidad es importante en el ministerio. Los hermanos de la iglesia tienen que tener fe en su palabra o puede que no tengan fe en su predicación o en su enseñanza. Cuando se sienta tentado a hablar con alguien acerca de un asunto confiado a su cuidado, mejor hable de ello al Señor.

¿Cómo puedo ayudar a mi esposa para que se sienta feliz en su ministerio en el hogar y en la iglesia?

De la misma manera que cualquier esposo cristiano puede hacer que su esposa se sienta feliz: cumpliendo las promesas del matrimonio y viviendo para el Señor.

Si usted ora por su esposa, la ama, y trata intencionalmente de hacerla feliz, y ella le corresponde, entonces su hogar será una antesala del cielo.

Pero como ministro, usted tiene que prestar atención a ciertas cosas. Por ejemplo, no use a su esposa ni a su familia como ilustraciones en sus sermones a no ser que ellos le digan que está bien. Aunque la historia sea graciosa, no la cuente sin el permiso de ellos. Su esposa y sus hijos ya son el centro de la atención, de modo que no les arrastre dentro de sus sermones en contra de su voluntad. Ser el hijo del pastor ya es lo suficientemente duro como para tener que soportar ese tipo de castigo adicional.

Anime a su esposa a cultivar amistades con otras mujeres, en especial con otras esposas de pastor. Si al parecer no es prudente que cultive amistades cercanas dentro de la iglesia, ella tendrá que buscar en otra parte la compañía femenina que toda mujer necesita.

Pida a Dios que le dé una pareja mayor en la iglesia que se encargue de su casa y los hijos cuando su esposa lo acompañe en sus viajes. Ella necesita salir, y usted necesita compañía cercana. Para evitar escándalos, sin duda la junta directiva de la iglesia estará de acuerdo en que su esposa lo acompañe cuando ministra fuera de la ciudad.

Anime a su esposa a ser como es, y no una imitación de alguna otra persona, en especial la esposa del pastor anterior. ("¡Ella era una oradora muy dotada!") Haláguela, anímela a desarrollar sus dones, dele lugar a crecer, y juntos servirán al Señor con alegría.

Un consejo final: si está frustrado o enojado, no se las "agarre" con su esposa ni con el resto de su familia. Cuando llegue a casa para la cena, es importante que todos en el hogar estén contentos porque usted ha llegado. Disciplínese en disfrutar primero de su hogar y de su familia, y más tarde en la noche, usted y su esposa pueden charlar y orar acerca de las cargas y los pesares del día. (No olvide que ella también tiene cargas y pesares, como también sus hijos.) Dios le libre de que sus hijos miren por la ventana y griten: "¡Cuidado, papá está en casa!"

¿Qué debemos hacer cuando surjan graves problemas en el hogar?

Es nuestra convicción que el corazón de cada problema es un problema del corazón, de modo que empiecen con escudriñar su propio corazón y buscar el perdón de Dios. Si ambos son sinceros con Dios y entre ambos, y están dispuestos a pedir perdón y a perdonar, entonces Dios puede empezar a traer sanidad. Este tiene que ser el primer paso.

No obstante, algunos problemas pueden tener raíces más largas y profundas de lo que usted se imagina, y una vez que empiece a luchar con ellos, aparecerán nuevos problemas. Busque un consejero cristiano competente que les pueda ayudar espiritualmente y emocionalmente. Es una experiencia humillante que un pastor y su esposa se reúnan con un consejero, pero también puede ser una experiencia de curación y crecimiento.

Si el problema tiene que ver con uno de sus hijos, esto es especialmente doloroso. Si refiere el problema a la congregación, su hijo puede sentirse avergonzado y herido, pero si no lo refiere, y la noticia se esparcirá gradualmente y dañará su integridad. Generalmente, lo mejor es contarlo a la junta directiva y pedirles que lo tomen como un asunto de oración. Paulatinamente el asunto llegará a oídos de la congregación. Sus adversarios pueden usar el problema como munición para atacarlo, pero casi todos lo apoyarán y le mostrarán amor y preocupación. Después de todo, ellos también han tenido problemas familiares.

Usted se asombrará de lo que Dios puede hacer en usted y por usted cuando usted y la iglesia comparten una carga. Dios le puede dar nueva ternura y amor que afectarán profundamente su obra pastoral y su predicación. Usted descubrirá que otros en la iglesia han pasado por el mismo valle, y ellos le ministrarán a usted.

Ya que todos somos humanos, los que estamos en el ministerio tenemos que ser vulnerables. ¿Quienes somos nosotros para estar exentos de los ataques de Satanás o de las cargas de la vida? Martín Lutero dijo que "la oración, la meditación, y la tentación hacen al ministro", y tuvo razón. Nuestras tentaciones nos llevan a la Palabra de Dios y a la oración, y esto sólo nos puede convertir en mejores cristianos y mejores siervos. Como Cristo Jesús nuestro Señor, tenemos que ser sanadores heridos.

NOTAS

REFLEXIONES

PUNTOS DE ACCIÓN

Capítulo Vinte

DIVERSOS ASPECTOS DEL MINISTERIO

En su opinión, ¿cuál es la mayor necesidad de la iglesia hoy?

En una palabra, avivamiento, lo que sencillamente significa reemplazar la pretensión con la realidad. La iglesia es tan similar al mundo que al parecer no tenemos mucha influencia en el mundo, y únicamente el Espíritu Santo puede cambiar esto. Hemos sustituido la oración por promoción y entretenimiento por adoración y predicación, y tememos que mucho de nuestro llamado "buen éxito" pueda ser poco profundo y temporal. Lo que un tiempo fue un santuario hoy es algo así como un teatro, y la gloria ha desaparecido.

Dios generalmente empieza con sus siervos. Agradecemos a Dios por los informes de que hay pastores que se están reuniendo para orar, y que están reemplazando paredes por puentes. De todos modos, hasta que el pueblo de Dios no esté en la debida relación con Dios y también mutuamente unido, no vendrá el avivamiento. La iglesia que decide volver a lo básico — la Palabra de Dios y la oración—experimentará la bendición de Dios.

Tal vez en su oración pastoral cada domingo pudiera pedir a Dios que envíe un avivamiento. Al hacerlo, pídale que bendiga a alguna otra iglesia en su comunidad. Si los pastores y las iglesias empiezan a orar los unos por los otros públicamente cada domingo, el Espíritu puede empezar a obrar entre ellos.

Aunque es cierto que el despertamiento espiritual es un acto soberano de Dios, también es cierto que la promesa de 2 Crónicas 7:14 sigue escrita en la Palabra de Dios.

Parece que cierto profesionalismo está surgiendo en el ministerio. Los pastores ya no son siervos que cuidan del rebaño, sino jefes o directores. ¿Cuál es su punto de vista?

Estamos alarmados. Solamente Dios sabe lo que ocurre en el corazón de sus siervos, pero sí vemos algunas tendencias que nos perturban. Por un lado, la iglesia local ahora es vista como una corporación con el pastor como el jefe, los diáconos / ancianos como el comité de la corporación, y la cantidad de miembros como una gran medida de éxito. La filosofía parece ser: "Si resulta para la IBM, resultará para la iglesia."

Dios no siempre piensa ni actúa de la forma que lo hacemos en nuestras estructuras corporativas exitosas (Is 55:8-9). Hay decenas de figuras de la iglesia en el Nuevo Testamento, pero la corporación no está entre ellas. Sí, la iglesia tiene que ser como un negocio en su operación, pero no es un negocio. Podemos aprender de los expertos, pero tenemos que tener cuidado de confirmar todo con la Palabra de Dios. Cuando el pastor deja de pastorear, ¿qué pasará con las ovejas? (Vea Ez. 34.) Cuando una iglesia se maneja como un negocio, ¿cuentan las cosas que no pueden medirse (como el fruto del Espíritu)?

Todas las iglesias quieren experimentar crecimiento, pero el verdadero crecimiento viene de la nutrición y no meramente de la adición. Debemos organizar para tener eficiencia, pero también debemos agonizar por la suficiencia de Dios; de otra forma, lo que pensamos que son bendiciones pueden resultar en maldiciones. La iglesia no necesita imitar al mundo para poder experimentar la bendición del cielo. Campbell Morgan dijo: "La iglesia hizo más por el mundo cuando era menos similar al mundo."

¿Cuál es la mejor manera de ministrar a los miembros jubilados?

Los ciudadanos de la tercera edad representan un gran segmento de la población de hoy, y son una gran fuerza laboral para enrolar y un campo misionero para cosechar. Los hermanos de mayor edad en nuestras iglesias deberían ser adiestrados y desafiados a servir. Cada iglesia debería tener un ministerio de gente mayor que moviliza y motiva a los jubilados para que vivan para Cristo y que lo sirvan.

Con demasiada frecuencia el ministerio entre los ancianos es mayormente diversión y juegos, comida y comunión, y muchos paseos, mientras sus necesidades espirituales son ignoradas. Esto no debe ser así. Por cierto, no hay nada de malo con un grupo que disfruta de un viaje o de un almuerzo, pero la vida cristiana es más que diversión. También hay que considerar la participación en el servicio del Señor y el enriquecimiento de la vida de cada uno.

Los jubilados tienen más tiempo que cualquier otro segmento de la población, y hay que aprovechar ese tiempo para el Señor. Estas personas a menudo son guerreros de la oración en la iglesia, y no nos atrevemos a darles la impresión de que ahora se pueden tomar unas vacaciones. "He hecho mi parte en la iglesia —a veces dicen—, de modo que ahora otros pueden hacer el trabajo." Se jubilan no solo del trabajo, ¡sino también de la vida cristiana!

Su ministerio de hermanos mayores de edad tiene que tener estatutos definidos de propósito que incluyan de modo equilibrado la participación activa y la diversión. Necesitan aprender acerca de las misiones en el país y en el exterior, porque Dios a veces llama a los jubilados a servir en el campo misionero. Se les debe enseñar a testificar y a llevar a los perdidos a Cristo. Hay increíbles oportunidades de ministerio en su comunidad si sencillamente dedica tiempo a buscarlas. Quien pastorea a los mayores tiene que tener un corazón que late por la gente mayor y creer que pueden contribuir grandemente en la obra del Señor. Ellos necesitan desafíos, no acompañantes.

Ya que estamos en esto, debemos hablar de una inquietud respecto de los mayores: ellos son los agentes de Dios para enseñar y adiestrar a las generaciones más jóvenes. Si usted tiene dudas acerca de ello, lea Tito 2:1-8. No creemos que se deba separar a los jóvenes y a los ancianos. La iglesia es una familia, y sin importar la edad, debemos aprender a adorar juntos a Dios. Pero los cultos deben ser equilibrados, "con salmos, con himnos y cánticos espirituales" (Ef 5:19; Col 3:16). Hay iglesias que hacen cultos por separado. Esto no sólo segrega a las generaciones que deben ministrarse las unos a las otras, sino que también divide a las familias cuando los hijos y los padres deberían estar adorando juntos.

En cuanto a la evangelización, necesitamos distintos acercamientos a estas generaciones. Pero los creyentes debieran adorar juntos sin importar las edades, si el culto es equilibrado y preparado con cuidado.

Oímos decir bastante acerca de "grupos de apoyo", especialmente para gente que ha sufrido abuso o que necesita asistencia especial. ¿Es esta una oportunidad de servicio para la iglesia?

Podría ser, si tiene personas adecuadamente instruidas para guiarlos. Casi que en cada iglesia es posible encontrar personas cargando secretos dolorosos y heridas ocultas, tanto como otras que necesitan aliento. El ministerio amoroso de la Palabra puede ayudar a la gente a perdonar y a olvidar. Es allí donde empieza la sanidad, de modo que no minimice su ministerio de predicación y enseñanza. Poner a un lado la Biblia y recoger el último libro de psicología es dar un paso hacia atrás.

Si su iglesia debe o no organizar grupos de apoyo depende de varios factores. ¿Tiene usted gente capaz de guiarlos? ¿Hay suficientes víctimas de abuso en necesidad de ayuda para justificar el que se reúnan con regularidad, o resultaría mejor la asesoría personal? ¿Los grupos serian apéndices de la iglesia o el ministerio de la iglesia? ¿Están los hermanos de acuerdo en que gente de fuera use sus locales y los trate como el local de un club?

No todos los que asisten a un grupo de apoyo quiere intervención espiritual; de hecho, algunos están enojados con la iglesia. Pero puede ser una oportunidad para que líderes maduros les ayuden a ver de otra manera al Señor y a su pueblo.

Mientras que el pastor necesita estar en contacto con cada grupo, probablemente no debe ser el líder de ninguno de ellos, a no ser que exista una gran necesidad y no haya nadie más disponible. Si usted se decide a dirigir un grupo, haga lo mejor para desempeñar la tarea. Tal vez pueda asistir a un seminario, además, hay buena cantidad de libros que puede estudiar. No se comporte como un psiquiatra amateur. La gente a la que estará ministrando necesita a Cristo más que un análisis.

Aunque no empiece con grupos de apoyo, permítales saber con su actitud pastoral y su predicación que usted sabe de sus necesidades y que tiene la voluntad de ayudar. Mantenga bajo control su sentido del humor y no cuente chistes acerca de borrachos, gente obesa, enfermos mentales, o los divorciados. Nunca diga nada que pueda dar una cuchillada al corazón de una víctima de abuso o de un adicto.

Aunque los hermanos no sepan los secretos personales de todos los que asisten, toda la iglesia debe ser un grupo de apoyo para los que están adoloridos.

Por medio de su ejemplo y su enseñanza, ayude a su gente a mostrar comprensión compasiva y cuidado cristiano. Las personas rechazadas y despreciadas se sintieron a gusto en la presencia del Hijo de Dios (Lc 15:1), y deben sentirse a gusto con el pueblo de Dios. Tal vez podría comenzar con un grupo para padres que han experimentado la muerte de un hijo, o para personas que recientemente se han divorciado. Las heridas son profundas y no sanarán rápidamente.

He leído informes acerca de los cambios que se están viendo en la estructura de la familia, y que la iglesia necesita adaptarse a estos cambios. ¿Cómo debe adaptarse?

Las instituciones sociales siempre están cambiando, pero en los años recientes los cambios en la familia han sido dramáticos. No todos estos cambios son buenos, pero todos son intentos de supervivencia.

La familia nuclear tradicional −una pareja casada que cuida de los hijos− está siendo desafiada por otros arreglos. La prevalencia del divorcio significa que muchos niños viven sólo con el padre o la madre, o tal vez con algún otro familiar. Muchas madres solas tienen que ser amas de casa y las que ganan el pan, y este es un desafío. Incluso tenemos familias "mezcladas" como un resultado del divorcio y segundas nupcias, y "matrimonios del mismo sexo" y otros arreglos que quizá no apoyamos, pero aun así tenemos que ayudar a la gente a sobrellevar su situación.

Repetiremos una vez más, este no es un campo para aficionados, de modo que investigue antes de invitar a la gente. Una comunión para padres solos puede dar apoyo, pero asegúrese de que lo estructure en una forma que no quite a los padres el tiempo que necesitan pasar con sus hijos. Usted tendrá que proveer cuidado gratis para los niños de algunos que no pueden pagar por una niñera. Hay ventajas y desventajas con una clase de escuela dominical para padres solos, de modo que consulte con la gente que ya lo han hecho y que conoce los problemas. Algunos padres solos quieren estudiar la Biblia con sus iguales, casados o solteros, y no sólo con personas que llevan el mismo peso que ellos. Sin embargo, una noche de comunión a media semana parece resultar. Nuestra principal responsabilidad es presentarles a Jesucristo y animarlos en su crecimiento espiritual.

Aunque es bueno que usted esté por encima de las tendencias sociales, tenga en mente que la iglesia ministra a gente real y no a abstractos estadísticos. Si hay segmentos de la población a la que el ministerio de su iglesia es negligente, estudie el asunto y vea lo que el Señor puede querer que usted haga. Pero evite convertirse en el director de un circo eclesiástico. Si el Señor no provee liderazgo para estos ministerios especializados, espere, ore, y dele tiempo de obrar. Recuerde lo escrito en Hechos 6:4 acerca de la prioridad de la oración y el ministerio de la Palabra de Dios.

Me siento cohibido al leer de iglesias súper grandes y me pregunto si algo anda mal conmigo o mi ministerio. ¿Qué me sugiere?

La iglesia local promedio tiene más o menos cien asistentes, y Dios se vale de estas iglesias para mantener su testimonio y ministerio. Él no está limitado por los muchos ni los pocos. Por aquí y por allá, usted encontrará iglesias grandes, que han experimentado un crecimiento increíble y cuyos ministerios están siendo imitados por otras iglesias, pero no siempre con buen éxito.

Muchos cristianos piensan en pequeño y en realidad no quieren que crezca su iglesia, y eso está mal. El hecho de que una iglesia sea grande no es evidencia de que no es espiritual. Sin embargo, pensar sólo en grande y usar toda artimaña al alcance para obtener multitudes, también es un error.

La iglesia que realmente quiere crecer para la gloria de Dios (y no sólo por la buena reputación del predicador) tiene que prepararse para el crecimiento. Suponga que el Señor le diera cantidades o cientos de nuevos conversos durante los siguientes meses. ¿Está preparado para recibirlos y luego alimentarlos? ¿Su cuerpo local podría exitosamente asimilar esa cantidad de gente? Una iglesia de trescientas personas no sólo es más grande que una de setenta, sino que es radicalmente diferente. Una iglesia más grande tiene que ser organizada y operada en una forma completamente distinta de la iglesia pequeña. ¿Están sus líderes preparados para hacer estos cambios drásticos?

Algunas de las iglesias grandes de hoy fueron fundadas por sus pastores actuales y por lo tanto alimentadas en la forma que ellos sintieron que Dios quería que crezca la iglesia. Una cosa es vida a un gigante y algo bastante distinto es convertir a un pigmeo viejo en un gigante joven. Se puede hacer, pero hay un precio que pagar. A veces usted tiene que hacer una limpieza general y empezar el ministerio desde el principio, y esto es doloroso. Es mejor que permitamos que la iglesia deje nacer a una iglesia nueva y diferente, en vez de obtener la mala reputación de causar división en la iglesia.

Si usted realizando fielmente la obra que Dios lo llamó a hacer, y Él está bendiciendo su ministerio, nunca se sienta intimidado por lo que está ocurriendo en otras iglesias (Jn 3:26-30). Dé gracias por lo que Dios está haciendo en otras iglesias y en la suya, porque si una parte del cuerpo es fortalecido, todo el cuerpo es fortalecido, y así todos somos enriquecidos. Las iglesias, como los niños, son todas distintas y crecen a distintos ritmos. Nutra a la gente que Dios le ha dado y tenga la vista puesta en la obra que Él quiere que usted haga.

Nunca tome prestado los métodos de otros hasta que comprenda los principios de esos métodos y esté de acuerdo con ellos. La imitación no es garantía del buen éxito. La iglesia que satisface las necesidades de la gente, que guía a las personas a una experiencia más profunda de adoración y servicio, y que se organiza y se prepara para el crecimiento, confiando en Dios para su bendición, con seguridad disfrutará de la bendición de Dios.

El escritor escocés George MacDonald dijo: "Cualquier cosa que el hombre haga sin Dios, tiene que fallar miserablemente, o tener éxito más miserablemente." Nuestro Señor quiere que demos fruto, más fruto, mucho fruto (Juan 15:2, 5, 8), pero nos advierte que "separados de mí nada podéis hacer" (Juan 15:5). En el mundo de hoy, no se necesita mucho para reunir una muchedumbre, pero hay que hacer bastante esfuerzo para edificar una iglesia. Un viejo poema dice:

Los métodos son muchos, los principios son pocos;
Los métodos siempre cambian, los principios jamás.

Cíñase a los principios bíblicos y no sea un imitador.
Sea un original.

NOTAS

REFLEXIONES

PUNTOS DE ACCIÓN